Josef Moser

DEBIAN 12

Schnellanleitung für Einsteiger

Bibliografische Information der Deutschen Nationalbibliothek:
Die Deutsche Nationalbibliothek verzeichnet diese Publikation in der Deutschen Nationalbibliografie; detaillierte bibliografische Daten sind im Internet über http://dnb.dnb.de abrufbar.
Copyright © 2023 Josef Moser
Illustration: Josef Moser
Coverdesign: Jutta Moser und Josef Moser
Verlag:
[JMP] Josef Moser Publishing, Ulmenstr. 55, 90537 Feucht
ISBN: 978-3-384-31754-4
Druck und Distribution im Auftrag des Autors: tredition GmbH, Halenreie 40-44, 22359 Hamburg, Deutschland
Besuchen Sie mich im Internet:
www.linuxumsteiger.net

Inhaltsverzeichnis

Inhaltsverzeichnis

1 Vorwort

Bei diesem Buch handelt es sich um einen Band der

Linux-Einsteiger-Reihe.

Viele Computernutzer kennen hauptsächlich Microsoft Windows oder auch Apple MacOS.

Linux gilt allgemein als schwer zugänglich und nur für Bastler und Tüftler geeignet.

Ich möchte mit meinen Anleitungen zeigen, dass man im Prinzip keine Scheu haben muss, sich mit diesem Betriebssystem zu beschäftigen.

Linux-Distributionen haben mittlerweile ein sehr hohes Niveau erreicht. Das betrifft nicht nur das jeweilige Betriebssystem selbst, sondern auch die zur Verfügung stehenden Anwendungen.

So gibt es mit Libre Office eine sehr gute Alternative für das bekannte Büroprogramm von Microsoft. Auch im Bereich Foto- und Filmbearbeitung hat sich eine Menge getan.

So ist es möglich, seine Urlaubsfotos nachzubearbeiten, und sie auf vielfältige Weise zu sortieren.

Für den Zugang zum Internet und den Abruf der E-Mails kann man die bereits aus der Windows-Welt bekannten Programme Firefox und Thunderbird weiter nutzen.

Insgesamt kann man die Entwicklung in der Linux-Welt als absolut positiv bezeichnen.

Für potenzielle Umsteiger mag die gebotene Vielfalt jedoch zuweilen verwirrend erscheinen.

Es gibt im Moment über 100 Distributionen, die zur Auswahl stehen. Da kann man unter Umständen schnell den Überblick verlieren.

Diese Reihe soll Ihnen helfen, zumindest die wichtigsten Vertreter kennenzulernen.

Dieses Buch soll Ihnen möglichst schnell und unkompliziert einen Zugang zu **Debian 12** verschaffen.

Nach einigen grundlegenden Informationen führe ich Sie Schritt für Schritt durch das Betriebssystem.

Dabei konzentriere ich mich auf die wesentlichen Aspekte, die für Inbetriebnahme und Benutzung erforderlich sind.
Sie werden nach der Lektüre dieses Buches in der Lage sein,

- sich ein Installationsmedium (ISO-Datei) von Debian 12 zu beschaffen

- Debian 12 zu installieren

- die grundlegenden Bedienelemente von Debian 12 zu verstehen

- Debian 12 an Ihre Bedürfnisse anzupassen

Vorrangiges Ziel der Reihe ist es, Vorbehalte aus dem Weg zu räumen. Wenn es gelingt, Sie auf diesem Wege für Linux zu begeistern, würde mich das sehr freuen.

Möglicherweise werden Sie überrascht sein, welche Vorteile ein Linux-System mit sich bringen kann. In diesem Sinne wünsche ich Ihnen viel Spaß mit diesem Buch und dem Betriebssystem **Debian 12**.

Josef Moser

2 Was ist Linux?

Als Linux oder GNU/Linux bezeichnet man in der Regel freie, unixähnliche Mehrbenutzer-Betriebssysteme, die auf dem Linux-Kernel und wesentlich auf GNU-Software basieren. Die weite, auch kommerzielle Verbreitung wurde ab 1992 durch die Lizenzierung des Linux-Kernels unter der freien Lizenz GPL ermöglicht. (Quelle: Wikipedia.org)

Der Linux-Kernel erblickte im Jahr 1991 in der Version 0.0.1 das Licht der Welt.

Linus Torvalds, der bis zum heutigen Tag die Geschicke der Kernel-Entwicklung leitet, ahnte damals nicht, was er mit der Veröffentlichung eines kleinen Hobbyprojekts auslösen würde. Durch die Verknüpfung mit den sogenannten GNU-Tools war es innerhalb kürzester Zeit möglich, ein funktionierendes Betriebssystem zu entwickeln. Programmierer und Entwickler aus der ganzen Welt sprangen auf diesen Zug auf.

Heute wird der Begriff Linux meist als Synonym für das Gesamtsystem benutzt. Streng genommen wird mit Linux jedoch nur der Kernel bezeichnet.

Erst in der Verbindung mit Anwendungen und Programmen, die den GNU-Richtlinien folgen, wird daraus das System, das wir heute kennen und lieben.

Bereits im Jahr 1994 tauchten erste sogenannte Distributionen auf, die es sich zur Aufgabe gemacht hatten, benutzbare Systeme für Anwender als Alternative zu Windows und MacOS zu entwickeln:

Debian, **Suse**, **Slackware** und auch **RedHat** sind hier an erster Stelle zu nennen.

Ein großer Schritt für die weitere Verbreitung war jedoch 2002 die Veröffentlichung von **Open Office** in der Version 1. Es handelte sich dabei um eine voll ausgestattete Office-Suite mit offenem Quellcode, die zudem kostenlos erhältlich war. Natürlich war damals die Funktionstüchtigkeit gegenüber der Konkurrenz noch eingeschränkt, aber die Entwicklung ging weiter und das Programm wurde mit der Zeit immer besser.

Als eine eigenständige Variante von Open Office entstand zu einem späteren Zeitpunkt **Libre Office**. Diese umfangreiche und mittlerweile sehr ausgereifte Office-Suite ist in Debian 12 bereits vorinstalliert.

Inzwischen gibt es unzählige Varianten von Linux Distributionen. Die meisten basieren jedoch auf Debian, OpenSuse, Ubuntu, Arch Linux, Gentoo oder RedHat.

3 Was ist Debian?

Das Linux Betriebssystem**Debian** gibt es seit 1993. Gegründet wurde es von Ian Murdock.

Es begann mit einer kleinen Gruppe von passionierten Entwicklern, die sich dem Geist von freier Software verpflichtet fühlten.

Mittlerweile sind bei Debian nahezu 1000 aktive Entwickler involviert.

Der Name **Debian** leitet sich von den Vornamen des Gründers **Ian** Murdock und seiner Frau **De**bra ab.

Bereits sehr früh wurde mit der Entwicklung eines eigenen Paketmanagements begonnen.

Das erste Paketierungsprogramm wurde von Ian Murdock geschrieben und hieß **dpkg**.

Anwendungen, die eigentlich nur als Quellcode vorliegen, werden auf diese Art und Weise zu Binärpaketen paketiert.

Der Paketmanager vereinfacht die Installation von Programmen enorm, da er sich auch um die Auflösung von benötigten Abhängigkeiten kümmert.

Debian wird als **Stable** Distribution veröffentlicht.

Das bedeutet, dass das System selbst und auch die in den Paketquellen vorhandenen Anwendungen während des Supportzeitraums keine Version-Upgrades erhalten.

Updates umfassen lediglich Bugfixes und Sicherheitspatches.

Größere Updates werden durch **Point Releases** gekennzeichnet. (12.1, 12.2 usw.)

Support (Unterstützung) bedeutet, dass das Betriebssystem Aktualisierungen in Form von Sicherheitsupdates und Fehlerbereinigungen erhält.

Debian lässt sich für gewöhnlich viel Zeit mit der Veröffentlichung von neuen Versionen.
Zwar lässt sich sagen, dass etwa alle 2 Jahre ein neues Debian erscheint, auf einen genauen Zeitpunkt lassen sich die Entwickler aber nie festlegen.
„Es ist fertig, wenn es fertig ist!"

Man kann sich jedoch jederzeit ein Bild davon machen, wie die nächste Version von Debian aussehen könnte.
Die sogenannte Testing-Version entwickelt sich parallel zur Stable-Version kontinuierlich weiter.
Irgendwann wird diese „eingefroren" und nach einer ausgiebigen Testphase als neue Stable-Version veröffentlicht.
Die bisherige Stable-Version wird dann noch etwa ein Jahr weitergepflegt, bis der Support dann endgültig endet.
Stable wird also insgesamt etwa **3 Jahre** unterstützt. Man spricht nach Ablauf dieser Zeit von **EoL** (End of Life).
Darüber hinaus wird eine verlängerte LTS-Unterstützung (weitere 2 Jahre) angeboten, allerdings erwarten die Maintainer für diesen Service eine entsprechende Unterstützung vom Anwender.

„Unternehmen, die Debian verwenden und von diesem Projekt profitieren, werden gebeten, entweder direkt zu helfen oder sich finanziell zu beteiligen. Die Anzahl der sachgemäß betreuten Pakete hängt direkt von der zuteilwerdenden Unterstützung ab." Quelle: wiki.debian.org/de/LTS

In dieser Anleitung beschreibe ich **Debian 12** mit dem **GNOME** Desktop (Version 43.4).

Diese erschien am 10.06.2023. Die offizielle Unterstützung wird irgendwann im Jahr 2026 eingestellt.

Bereits im Jahr 2025 ist damit zu rechnen, dass das aktuelle **Debian Testing** zur nächsten stabilen Version **Debian 13** werden wird.
Dieses wird dann voraussichtlich bis 2028 unterstützt werden.

Eine Übersicht:

     Debian 11 unterstützt bis 2024

     Debian 12 unterstützt bis 2026

Neben den offiziellen Bezeichnungen, die die aktuelle Versionsnummer angeben, haben Debian-Versionen immer zusätzlich einen Fantasienamen.
Diese beziehen sich auf Figuren aus den **Toy Story** Filmen.
Im Fall von **Debian 12** ist das **Bookworm**.
Debian 13 wird **Trixie** heißen.

Da es sich bei Debian um ein Open Source Projekt handelt, blieb es nicht aus, dass neue Distributionen entstanden, die als Basis Debian beziehungsweise das Debian Paketmanagement nutzen, ansonsten aber unabhängig von der Mutter-Distribution agieren.
Die größte und bekannteste ist **Ubuntu**.

Weitere Debian Derivate:
MX Linux, Sparky, Q4OS, Neptune, Linux Mint Debian Edition, Devuan und viele weitere.

4 Systemvoraussetzungen

Die Systemvoraussetzungen sind abhängig vom verwendeten
Desktop und den genutzten Anwendungen.
Die unten stehenden Angaben sind lediglich Pauschalwerte.

Mindestvoraussetzungen

1 GB RAM
15 GB Platz auf der Festplatte
1024 x 768 Monitorauflösung

Empfohlene Systemvoraussetzungen

2 GB RAM
20 GB Platz auf der Festplatte

Um ein flüssiges Arbeiten zu gewährleisten, ist es sinnvoll,
vor allem den Arbeitsspeicher aufzurüsten.
Ab 4 GB RAM sind Browser problemlos auch mit mehreren
geöffneten Tabs nutzbar.

Bei älteren Computern empfiehlt es sich, Debian 12 mit Mate
oder XFCE auszuprobieren.
Bei diesen beiden Varianten wird weniger Arbeitsspeicher
und CPU benötigt.

Debian 12 für den Desktop gibt es nur als 64-bit Version.
Diese lässt sich auf BIOS- und UEFI-Rechnern installieren.

Darüber hinaus stehen zahlreiche weitere Architekturen zur
Verfügung.

5 Wie erhalte ich Debian?

Grundsätzlich ist es der sicherste Weg, das benötigte Installationsmedium (ISO-Datei) direkt von Debian zu beziehen.

Diese findet man auf der **Debian Webseite** *www.debian.org* über den Link **Herunterladen**.

Nach dem Download der entsprechenden Datei findet sich diese standardmäßig im Downloads Ordner.
Sie können allerdings einen beliebigen Ordner als Ziel wählen.

5.1 Netinstaller Image

Der Netinstaller von Debian setzt voraus, dass Sie während der Installation eine relativ gute Internetverbindung aufbauen können.
Ein Großteil der Pakete wird zunächst über Debian Server heruntergeladen und erst dann auf dem Rechner installiert.

Danke, dass Sie Debian herunterladen!

Dies ist Debian 12, Codename *bookworm*, NetInst für 64-Bit-PC (AMD64) debian-12.0.0-amd64-netinst.iso.

5.2 Live-System Image

Probieren Sie Debian aus, bevor Sie es installieren!
Auf dieser Seite stehen mehrere Varianten von Debian zum Download bereit.
Dabei handelt es sich um verschiedene Desktopumgebungen.

5 Wie erhalte ich Debian?

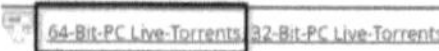

Das Basissystem ist bei diesen Versionen nahezu identisch, jedoch ist die Bedienoberfläche jeweils sehr unterschiedlich aufgebaut.

Die hier ausgewählte Desktopumgebung wird sofort automatisch mitinstalliert, da sie in der ISO-Datei bereits enthalten ist.

- debian-live-12.0.0-amd64-cinnamon.iso.torrent
- debian-live-12.0.0-amd64-gnome.iso.torrent
- debian-live-12.0.0-amd64-kde.iso.torrent
- debian-live-12.0.0-amd64-lxde.iso.torrent
- debian-live-12.0.0-amd64-lxqt.iso.torrent
- debian-live-12.0.0-amd64-mate.iso.torrent
- debian-live-12.0.0-amd64-standard.iso.torrent
- debian-live-12.0.0-amd64-xfce.iso.torrent

6 Erstellen eines bootbaren Sticks

Nachdem Sie die **ISO-Datei** heruntergeladen haben, müssen
Sie nur noch einen **bootbaren Stick** erstellen.
Das bedeutet, dass Sie einen USB-Stick so vorbereiten, dass
Sie **Debian 12** damit starten können.
Hierzu ist ein entsprechendes Programm nötig.
Es gibt verschiedene Anwendungen, welche Sie für diese Aufgabe benutzen können.
Stellvertretend sei hier **Etcher** genannt.
Etcher gibt es kostenlos für Linux, Windows und MacOS.
https://www.balena.io/etcher/
Laden Sie sich die entsprechende Version herunter und erstellen Sie dann damit den benötigten Stick!

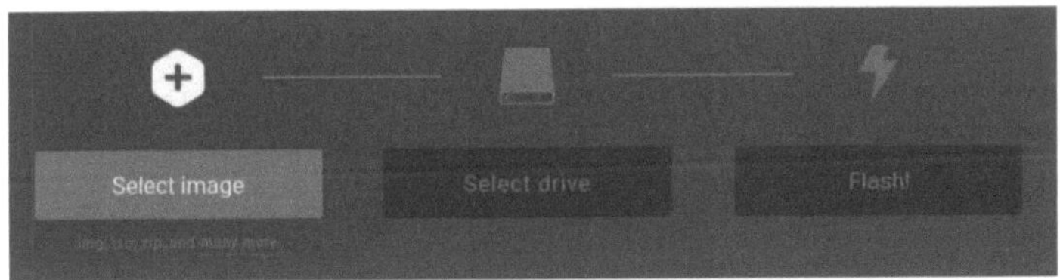

Select Image: Wählen Sie die ISO-Datei aus, von der Sie
einen Stick erstellen wollen.
Select Drive: Es wird Ihnen der Stick angezeigt, den Sie in
einen freien USB-Port eingesteckt haben.
Flash: Der Stick wird erstellt.

Dennoch empfiehlt es sich, zu kontrollieren, ob auch wirklich
der richtige Stick ausgewählt ist.
Etwaige Inhalte, die sich auf dem Stick befinden, werden
nämlich bei dieser Aktion vollständig gelöscht.

7 Starten vom Stick aus

Im Idealfall stecken Sie den Stick in einen freien USB-Port und nach einem Neustart des Rechners wird automatisch erkannt, dass ein bootbarer Stick vorhanden ist.
In diesem Fall startet **Debian** umgehend.

Dazu ist es aber notwendig, dass in der Bootreihenfolge im **BIOS** der Stick an erster Stelle steht. Ist beispielsweise die Festplatte an erster Stelle, so wird immer das Betriebssystem gestartet, das sich darauf befindet und der Stick wird ignoriert.

Sollte das der Fall sein, so muss man im **BIOS** die **Bootreihenfolge** ändern.

Meist gelangt man in das BIOS über eine der F-Tasten (beispielsweise F2). Während der Rechner bootet, müssen Sie diese Taste mehrmals drücken. Damit verhindern Sie den normalen Startvorgang und gelangen stattdessen ins BIOS.

Bitte schauen Sie ins Handbuch, welche Taste das bei Ihrem Mainboard ist. Je nach Hersteller ist das unterschiedlich.

Im **BIOS** gibt es irgendwo ein Menü, das **Boot** (oder ähnlich) heißt.
Hier kann man dann in der Regel die Bootreihenfolge einsehen und gegebenenfalls auch ändern.

Je nach gewählter ISO-Datei booten Sie in ein Livesystem oder starten die Installation direkt.

8 Installation mit dem Netinstaller

Nachdem Sie den Netinstaller von Debian 12 erfolgreich vom Stick aus gestartet haben, erwartet Sie ein Fenster, das Ihnen einige Optionen für das weitere Vorgehen anbietet.
In der Regel ist **Graphical Install** der richtige Weg.
Über die **Advanced Options** können Sie Ihr System bereits während der Installation noch genauer auf Ihre Bedürfnisse anpassen.
Allerdings setzt diese Art der Installation tiefer gehendes Wissen über Linux voraus.
Darüber hinaus legt Debian auch Wert auf Barrierefreiheit.
Daher wird eine Installation mit hohem Kontrast und Sprachunterstützung angeboten.

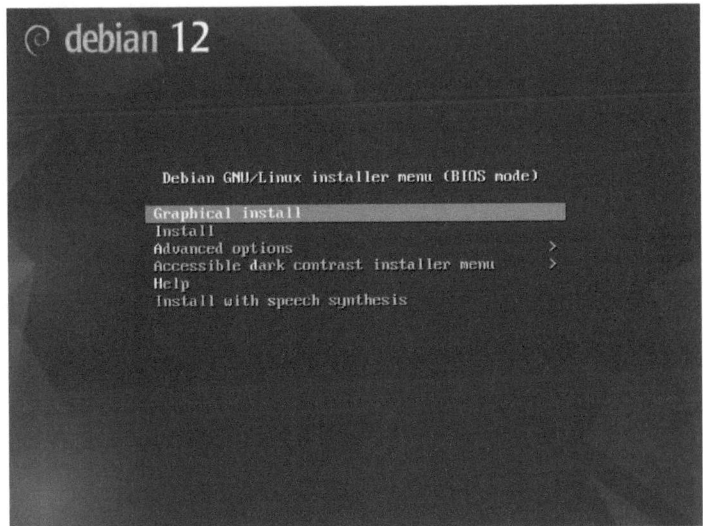

8.1 Einrichten der Sprache

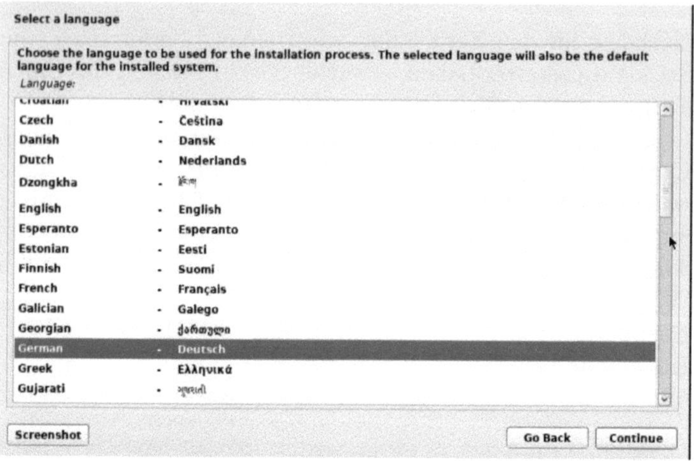

Auf der linken Seite stellen Sie zunächst die gewünschte Sprache ein.

Da in der Regel an dieser Stelle Englisch voreingestellt ist, aktivieren Sie die deutsche Sprache, indem Sie im Menü solange scrollen, bis **Deutsch** anwählbar ist.

Wenn die Sprache entsprechend umgestellt ist, erscheint nun auch der restliche Inhalt des Bildschirms in deutscher Sprache.

8.2 Einrichten der Zeitzone

Damit die Uhr im Computer richtig funktioniert, muss die
Zeitzone eingerichtet werden.

Debian erkennt anhand der vorher gemachten Angaben, dass
Sie sich wahrscheinlich in Deutschland befinden.

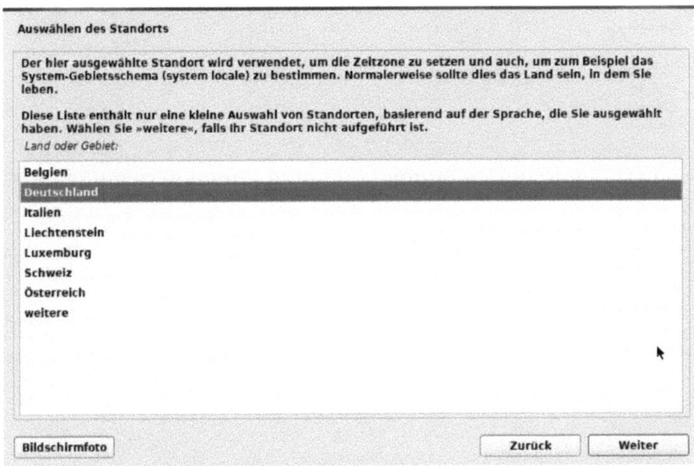

Selbstverständlich können Sie die Zeitzone hier auch verändern.
Zur Auswahl stehen Länder, in denen ebenfalls deutsch ge-
sprochen wird.

Über **weitere** gelangen Sie zu der erweiterten Auswahl.
Hier finden Sie alle anderen Länder in alphabetischer Sortie-
rung.
Wenn Sie mit der Auswahl des Standortes zufrieden sind,
bestätigen Sie mit **Weiter**.

8.3 Tastaturbelegung

Das erste Fenster, das danach erscheint, bezieht sich auf die
Wahl der **Tastaturbelegung**.

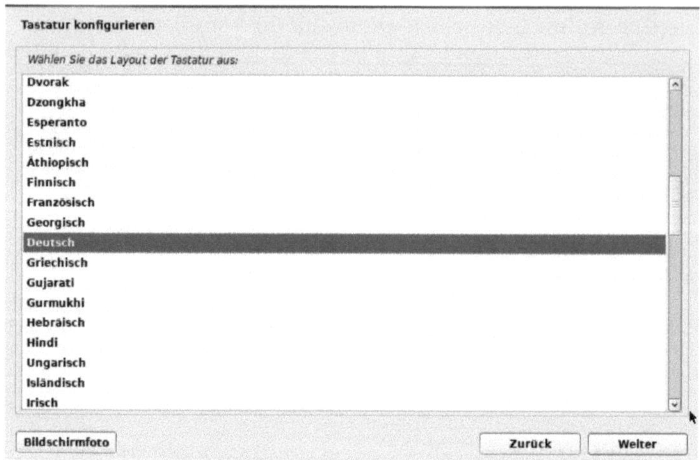

Da die Tastaturbelegungen in jedem Land anders sind, ist
es wichtig, dass Sie sich an dieser Stelle für eine **deutsche
Tastatur** entscheiden.

Im Normalfall ist diese Option bereits automatisch ausgewählt, da Sie sich vorher bei der Sprachauswahl für die deutsche Sprache entschieden haben.

Sollten Sie hier aus Versehen die falsche Tastatur auswählen,
so lässt sich das zu einem späteren Zeitpunkt problemlos
wieder rückgängig machen.

8.4 Einrichten des Rechnernamens

Für den Fall, dass Sie vorhaben, ein Netzwerk einzurichten, ist es wichtig, dass Sie an dieser Stelle einen aussagekräftigen Namen für Ihren Rechner vergeben.
Der Name sollte aus einem einzigen Wort bestehen.

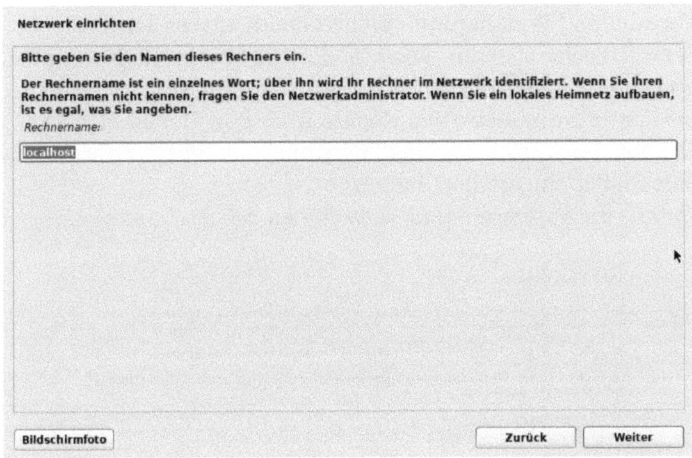

Der Domain-Name ist unwichtig, wenn Sie lediglich ein lokales Heimnetz aufbauen.

8.5 Benutzer und Passwörter einrichten

Um administrative Aufgaben erledigen zu können, müssen Sie an dieser Stelle ein sogenanntes Root-Passwort einrichten. Dieses dient für den **Superuser**.
Der Superuser hat durch dieses Passwort Zugang zu allen Komponenten in Ihrem System.
Verwenden Sie daher ein entsprechend starkes Passwort.
Sehr schlecht wäre an dieser Stelle 1234 oder Ihr Nachname.
Sollten Sie hier kein Root-Passwort einrichten, so erhalten Sie später administrative Rechte über den Befehl **sudo**.
Das ist das Verfahren, das Distributionen wie Ubuntu standardmäßig eingerichtet haben.
Details zu Superuser und sudo finden Sie in Kapitel 12.

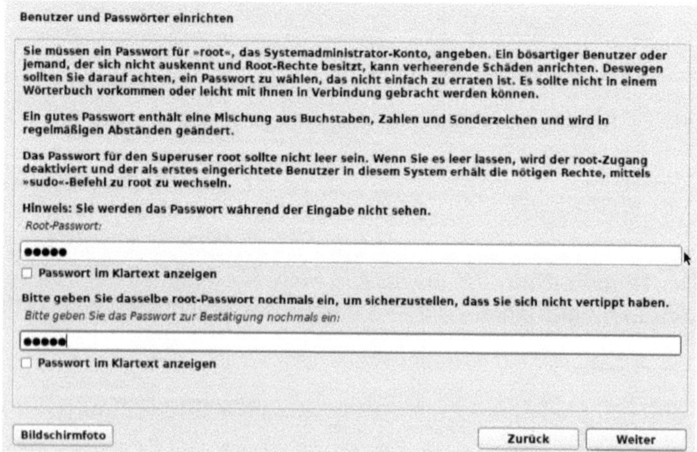

Sie geben Ihr Passwort zweimal ein.
Die Zeichen werden dabei nicht dargestellt, sondern durch Punkte als Platzhalter angezeigt.

Wenn Sie sich nicht sicher sind, ob Sie sich vertippt haben, können Sie sich das Passwort auch im Klartext anzeigen lassen.
Dazu setzen Sie ein Häkchen in der entsprechenden Checkbox.
Passwort im Klartext anzeigen.

Durch **Weiter** bestätigen Sie Ihre Eingaben.

Da Sie sich aber nicht die ganze Zeit als Administrator (Root) auf Ihrem Rechner bewegen sollten, legen Sie zusätzlich ein Benutzerkonto mit einem individuellen Passwort an.
Das ist Ihr persönliches Konto.
Für andere Personen, die Ihren Rechner ebenfalls benutzen, können Sie zu einem späteren Zeitpunkt weitere Benutzerkonten anlegen.

Zunächst geben Sie Ihren vollständigen Namen an.
Dieser Name wird später beispielsweise im Absender von E-Mails verwendet.
Daher ist es sinnvoll, hier den richtigen Namen anzugeben.
Der nächste Schritt ist das Einrichten des von Ihnen gewünschten Benutzernamens.
Dieser kann Ihr richtiger Name oder auch ein Fantasiename sein.
Sie können auch Zahlen in Ihrem Benutzernamen verwenden.
Großbuchstaben sind an dieser Stelle nicht erlaubt.

Mit diesem Namen loggen Sie sich später auf dem Anmeldebildschirm in Ihren Computer ein.

Bestätigen Sie mit **Weiter**.
Auch für den Benutzer muss ein Passwort eingetragen werden.
Dabei sollte nicht das gleiche Passwort verwendet werden, das Sie bereits für den Root vergeben haben.

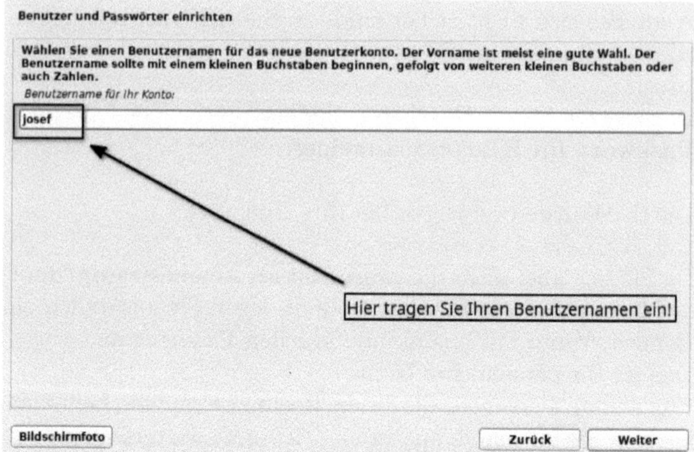

Dadurch ist gewährleistet, dass administrative Aufgaben ausschließlich über das Root-Passwort ausgeführt werden können. Auch dieses Passwort müssen Sie zur Sicherheit zweimal eintragen. Zur Kontrolle lassen Sie es sich im Klartext anzeigen.

Mit **Weiter** bestätigen Sie die Einrichtung des Passworts.

8.6 Partitionen erstellen

8.6.1 Automatische Partitionierung

Nach den Voreinstellungen beginnt an dieser Stelle der eigentliche Installationsvorgang.

Bisher wurde an Ihrer Festplatte noch nichts geändert. Das ändert sich aber nun mit den nächsten Schritten.

Das Partitionieren bereitet die von Ihnen gewählte Festplatte auf die Installation von Debian vor.

Partitionieren heißt nichts anderes, als dass der auf der Festplatte zur Verfügung stehende Platz in verschiedene Bereiche aufgeteilt wird und dass diese in einem weiteren Schritt für die eigentliche Installation angepasst werden.

Ich empfehle Anfängern stets, für ein Linux-System eine eigene Festplatte bereitzustellen.

Zwar ist mit etwas Erfahrung auch Dual-Boot und sogar Multi-Boot auf einer einzigen Festplatte kein Problem, aber es können doch einige Schwierigkeiten auftauchen, die einen unerfahrenen Nutzer möglicherweise vor große Hürden stellen. Die Anleitung geht daher im Folgenden davon aus, dass Sie eine eigene Festplatte für Debian verwenden.

Sollten Sie eine Festplatte mit Windows im Rechner haben, dann klemmen Sie diese vorübergehend zur Sicherheit ab, damit Sie nicht aus Versehen Ihr Windows-System löschen.

Als **Installationsart** wird Ihnen nun die folgende Möglichkeit gezeigt:

Geführt - vollständige Festplatte verwenden

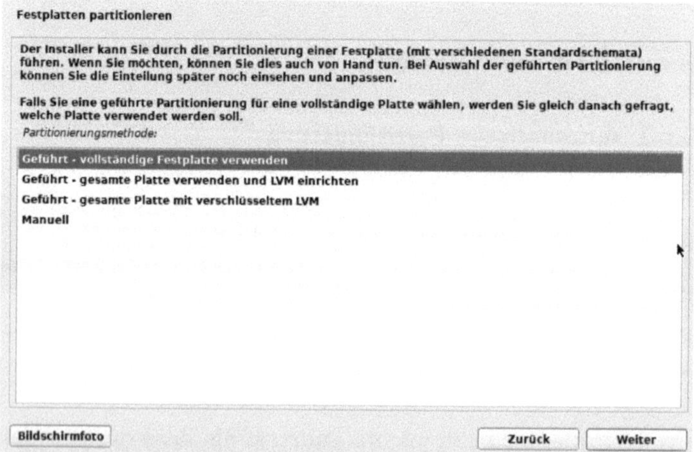

Grundsätzlich ist es zwar möglich, Debian und Windows parallel auf einer einzigen Festplatte im Dual-Modus zu betreiben,

dafür müssen Sie aber vorher die Windows Partition verkleinern, um Platz für Debian zu schaffen. Der einfachere und sicherere Weg ist es, Windows auf einer Festplatte unverändert zu belassen und für Debian eine eigene Festplatte zu verwenden.

Sie können Ihr System verschlüsseln oder auch das für fortgeschrittene Anwender gedachte LVM verwenden.
Die automatische Partitionierung erkennt, ob Ihr Computer BIOS oder UEFI nutzt. Sie müssen sich darum nicht kümmern. (im Beispiel: BIOS)

Wenn Sie auf **Manuell** klicken, können Sie die Partitionen manuell erstellen und somit noch weiter an Ihre individuellen Bedürfnisse anpassen.
Diese Vorgehensweise wird in Kapitel 8.6.2 beschrieben.

Im nächsten Schritt werden Sie aufgefordert, die Festplatte auszuwählen, die Sie für die Installation von Debian vorgesehen haben.

Sollten sich mehrere Festplatten in Ihrem Rechner befinden, so werden diese an dieser Stelle in einer Liste der Reihe nach aufgeführt.

Beachten Sie bitte, dass sämtliche Daten, die sich auf der ausgewählten Festplatte befinden, gelöscht werden.
Vergewissern Sie sich daher noch einmal, ob die getroffene Auswahl richtig ist.
Einmal gelöschte Daten lassen sich entweder gar nicht mehr oder nur mit sehr viel Aufwand wieder herstellen.

Dieser Hinweis betrifft vor allem Nutzer, die auf einer zweiten Festplatte Windows installiert haben!

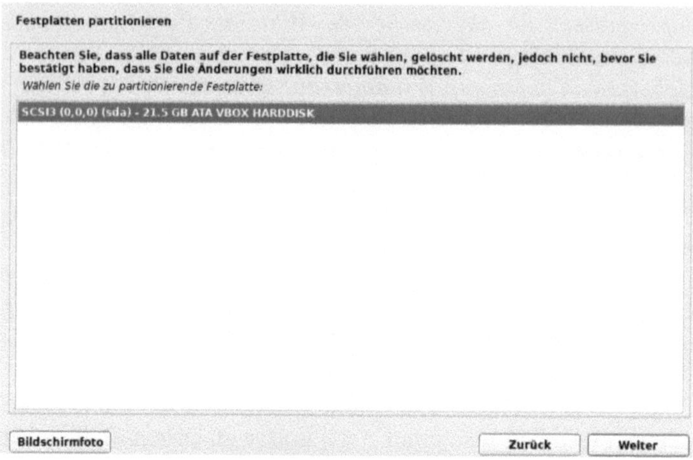

Bestätigen Sie mit **Weiter**.

Es gibt verschiedene Arten, wie man ein Laufwerk partitionieren kann.

Für Anfänger ist es empfehlenswert, alle Dateien auf eine Partition zu speichern.

Dadurch befindet sich Ihr **persönlicher Ordner (home)** auf der gleichen Partition wie der Systemordner.

Es gibt jedoch auch gute Argumente dafür, für den persönlichen Ordner eine unabhängige eigene Partition anzulegen.

So wird **home** nicht in Mitleidenschaft gezogen, wenn das Dateisystem aus irgendwelchen Gründen zerstört wurde.

In diesem Fall bietet es sich an, eine **Separate /home-Partition** anzulegen.

Für Ihre ersten Versuche ist dies aber nicht notwendig.
Wählen Sie daher
Alle Dateien auf eine Partition.

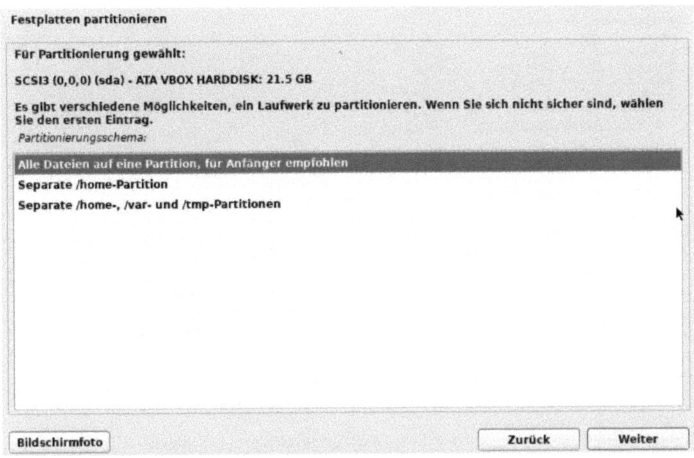

Bestätigen Sie mit **Weiter**!

Bevor der Vorgang endgültig abgeschlossen wird, ist es noch einmal möglich, alle getroffenen Entscheidungen zu überprüfen.

Die gewählte Festplatte wird noch einmal angezeigt.

Darüber hinaus ist hier auch ersichtlich, welche Partitionen angelegt werden.

Nr 1 wurde in diesem Fall mit dem Dateisystem **ext4** versehen und / steht für das Wurzelverzeichnis.

Sie sehen an dieser Stelle auch, dass automatisch ein Swap eingerichtet wird.

Die automatische Partitionierung richtet die Festplatte ein, ohne dass Sie sich im Einzelnen selbst darum kümmern müssen, welches Dateisystem (in diesem Fall ext4) benutzt wird oder in welcher Größe der Swap eingerichtet werden soll.

Debian übernimmt das alles für Sie.

Bestätigen Sie mit **Weiter**!

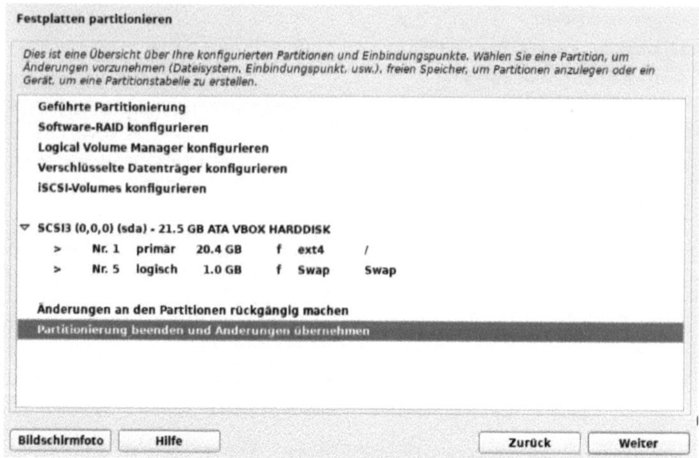

An dieser Stelle bestätigen Sie noch einmal, dass der Vorgang jetzt durchgeführt werden soll.

Dazu müssen Sie **Ja** auswählen.

Bestätigen Sie dann mit **Weiter**.

Damit beginnt die automatische Partitionierung.

Im nächsten Fenster werden Sie zur Sicherheit darauf hingewiesen, dass die getroffenen Änderungen im nächsten Schritt auf Ihre Festplatte geschrieben werden.

Dabei werden alle Daten, die sich darauf befinden, gelöscht.

Vergewissern Sie sich also bitte noch einmal, dass Sie die richtige Festplatte ausgewählt haben und dass kein Datenverlust entsteht, wenn Sie nun auf **Weiter** drücken.

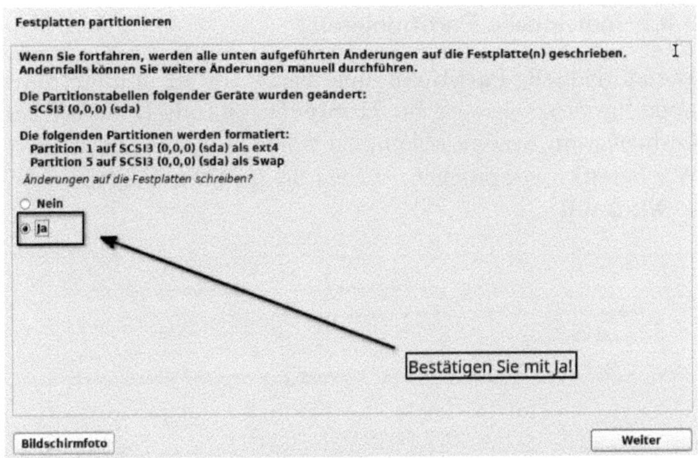

Wenn Sie die automatische Partitionierung gewählt haben, können Sie an dieser Stelle zu Kapitel **8.7** springen, um die Installation fortzusetzen.

Wenn Sie wissen möchten, wie die individuelle Partitionierung (manuell) funktioniert, lesen Sie Kapitel 8.6.2.

8.6.2 Individuelle Partitionierung

Die individuelle Partitionierung macht vor allem dann Sinn, wenn Sie beispielsweise Ihr **Homeverzeichnis** (Persönlicher Ordner) vom System abkoppeln wollen.

Wie bereits angesprochen, wählen Sie für diese Vorgehensweise **Manuell**.

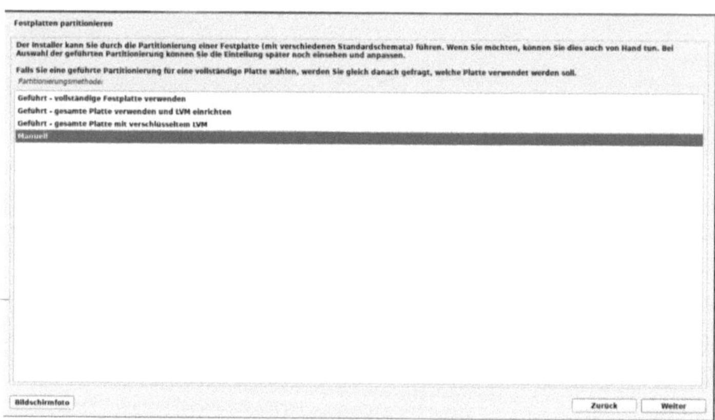

Zunächst werden die verfügbaren Festplatten angezeigt.

Die Abkürzung **sd** steht für Festplatte.

sda ist somit die Festplatte **a**.

Eine weitere Festplatte würde demnach mit **sdb** bezeichnet werden.

Sollten sich also mehrere Festplatten im Rechner befinden, müssen Sie zu diesem Zeitpunkt auswählen, welche davon partitioniert werden soll.

Gehen Sie sehr sorgfältig vor, da beim Partitionieren alle darauf befindlichen Dateien unwiderruflich gelöscht werden.

Bestätigen Sie Ihre Auswahl mit **Weiter**!

Nachdem Sie die richtige Auswahl getroffen haben, erstellen Sie eine sogenannte **Partitionstabelle**.

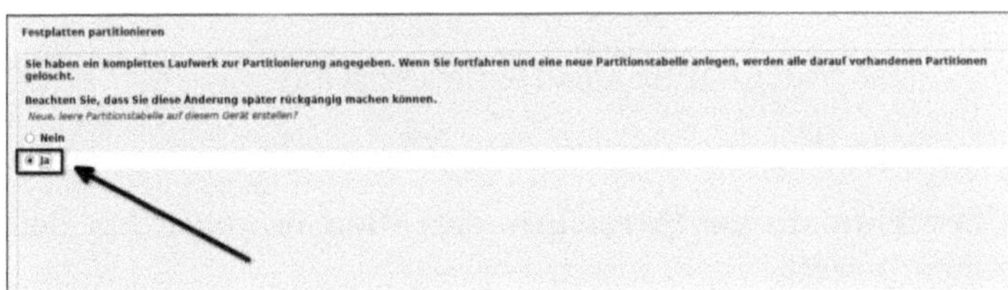

Neue, leere Partitionstabelle auf diesem Gerät erstellen?

Sollten sich auf dieser Festplatte bereits Partitionen befinden, werden diese überschrieben.

Wählen Sie **Ja** und bestätigen Sie mit **Weiter**.

Ein Übersichtsfenster unterstützt Sie im weiteren Verlauf bei den notwendigen weiteren Schritten.
Sie werden nach dem Anlegen einer Partition immer wieder hierher zurückkehren, um die nächste zu erzeugen.
Sie sehen hier, wie viel freier Speicher (GB) insgesamt auf der Festplatte zur Verfügung steht.
Diesen können Sie nun anteilig so verwenden, wie Sie es gerne möchten.

Bestätigen Sie mit **Weiter**!

Sie benötigen:

- eine EFI-System-Partition (Nur für UEFI)

- eine Partition für das Betriebssystem (Wurzelverzeichnis),

- eine Partition für das Homeverzeichnis

- eine Partition für den Swap-Bereich

Über **Eine neue Partition erstellen** erzeugen Sie den ersten Bereich.

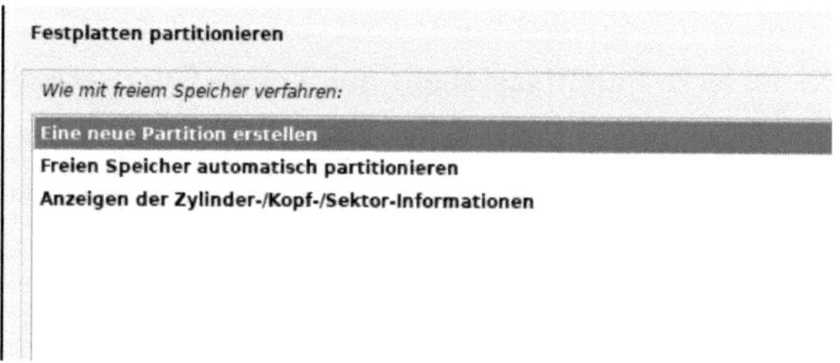

Bei UEFI-Rechnern erstellen Sie zunächst eine **EFI-System-Partition**.
Dieser Schritt entfällt bei BIOS-Rechnern!
Geben Sie als Größe **550 MB** an. > **Weiter**
Position der neuen Partition: Anfang > **Weiter**
Benutzen als: EFI-System-Partition > **Weiter**
Sie starten wieder bei der Übersicht.
Hier erhalten Sie nochmals einen Überblick über den zur Verfügung stehenden Speicherplatz für diese Partition.
Bereits erzeugte Partitionen werden ebenfalls angezeigt.

Bestätigen Sie mit **Weiter**!

Eine neue Partition erstellen

Sie erstellen eine Partition, die das Dateisystem enthalten soll.

Zusätzlich werden hier auch alle von Ihnen installierten Anwendungen abgelegt.

Diese Partition wird als Root-Partition oder Wurzelverzeichnis bezeichnet. (Abkürzung: /)

Um für die Zukunft gerüstet zu sein, sollten Sie für das Betriebssystem selbst mindestens eine Größe von 15 GB wählen.

Die gewünschte Größe geben Sie in GB an.

Alternativ können Sie auch eine prozentuale Angabe machen.

*Nur für BIOS-Systeme: Als **Typ der neuen Partition** wählen Sie **Primär**.*

Logische Partitionen benötigen Sie nur, wenn Sie mehr als vier Partitionen erstellen wollen.

*Bestätigen Sie mit **Weiter**!*

Als Position der neuen Partition wählen Sie **Anfang**!
Bestätigen Sie mit **Weiter**!

Sie erstellen nun das Dateisystem für Linux.
Sie bewegen sich in diesem Fenster mit den Pfeiltasten.
Zum Auswahlfenster gelangen sie jeweils durch ENTER.
Bei **Benutzen als** wählen Sie
Ext4-Journaling-Dateisystem.

Als **Einbindungspunkt** wählen Sie /

Bestätigen Sie Ihre Angaben mit

Anlegen der Partition beenden und **Weiter!**

Nun werden Sie wieder zum ersten Fenster zurückgeleitet.
Die von Ihnen zugewiesene Größe für die eben angelegte
Partition und der restliche freie Speicher werden angezeigt.
Mit dem restlichen zur Verfügung stehenden Speicher können
Sie nun auf die selbe Art und Weise weiter verfahren.

Sie wiederholen die vorherigen Schritte.
Eine neue Partition erstellen

Bei **Benutzen als** wählen Sie
Ext4-Journaling-Dateisystem.
Als Einbindungspunkt wählen Sie aber diesmal das Homever-
zeichnis. **/home**
Hier werden Ihre persönlichen Daten abgelegt.
Das können Bilder sein oder auch Textdokumente.
Je nachdem, was Sie mit ihrem Rechner vorhaben, sollte die
Größe dieser Partition entsprechend großzügig bemessen sein.
Lassen Sie aber noch genügend Speicher für **Swap** übrig.

*Swap ist vor allem bei Rechnern mit wenig RAM (Arbeitsspei-
cher) von Bedeutung.*
*Sollte der verbaute Speicher im Rechner bei bestimmten Ak-
tionen nicht ausreichen, so wird der Swap-Bereich auf der
Festplatte als erweiterter Arbeitsspeicher verwendet.*
*Falls Sie feststellen, dass das öfter passiert, sollten Sie dar-
über nachdenken, den Rechner aufzurüsten. Als einzustellen-
de Größe für die Swap-Partition galt früher die Faustregel,
dass man in etwa das Doppelte des verbauten Arbeitsspeichers
verwenden sollte.*
*Das relativiert sich jedoch, je mehr RAM tatsächlich im Rech-
ner vorhanden ist. Dadurch verringert sich die Wahrschein-
lichkeit, dass Swap überhaupt zum Einsatz kommt.*

So ist es auf Rechnern mit einem Arbeitsspeicher von unter 4 GB wichtig, einen entsprechend großen Sicherheitsspielraum einzurichten.
Ab 16 GB oder mehr wird Swap zunehmend unwichtiger. Wenn Sie die automatische Installation ausgewählt haben, erzeugt Debian 12 eine angemessen große Swappartition. Sollten Sie jedoch die Größe des Swap-Bereichs selber definieren wollen, dann müssen Sie eine entsprechende Partition anlegen. 4000 MB sollten bei neueren Rechnern für den Swap ausreichend sein.

Sie wiederholen erneut alle vorherigen Schritte.
Eine neue Partition erstellen

Bei **Benutzen als** wählen Sie
Auslagerungsspeicher (Swap).
Bestätigen Sie mit **Weiter**.
Nach Bestätigen mit **Weiter** sollten Sie eine Auflistung der von Ihnen angelegten Partitionen sehen.

Dies sollte sein:
Partition 1 (sda) als ESP
Partition 2 (sda) als ext4 - Wurzelverzeichnis /
Partition 3 (sda) als ext4 - Homeverzeichnis /home
Partition 4 (sda) als Swap

Falls Sie an dieser Stelle einen Fehler entdecken, so können Sie mit **Nein** jederzeit abbrechen.
Wenn nicht, dann bestätigen Sie mit **Weiter**.

Sie können nun mit dem Installationsprozess fortfahren.

8.7 Die Installation der Pakete

Jetzt erst beginnt die eigentliche Installation von **Debian 12**.
Dabei wird zunächst das Basissystem installiert.

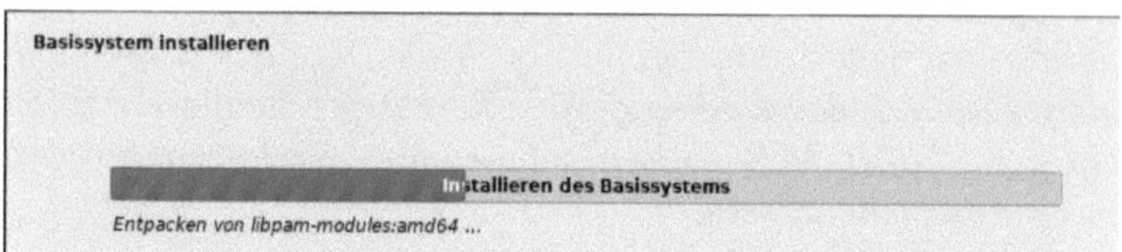

8.7.1 Konfigurieren des Paketmanagers

Da Sie ausschließlich die ISO-Datei zur Installation benutzen, wählen Sie an dieser Stelle **Nein** und bestätigen mit **Weiter**.

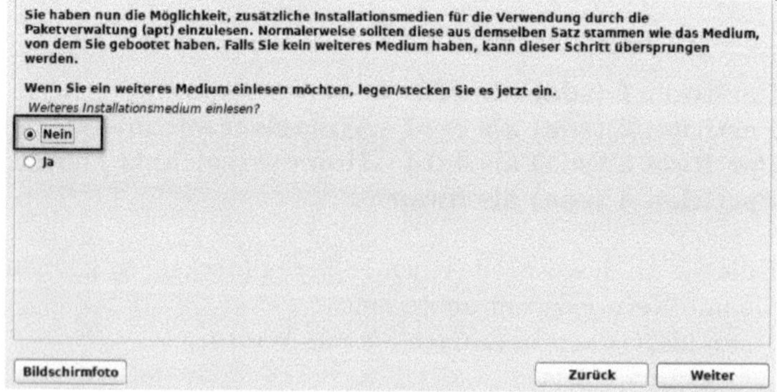

Da Sie einen Netinstaller für die Installation benutzen und ein Großteil des Systems erst einmal aus dem Internet her-

untergeladen werden muss, bevor es installiert werden kann, ist es sinnvoll, an dieser Stelle einen Server auszuwählen, der möglichst in Ihrer Nähe ist.
Wählen Sie dazu zunächst **Deutschland**.

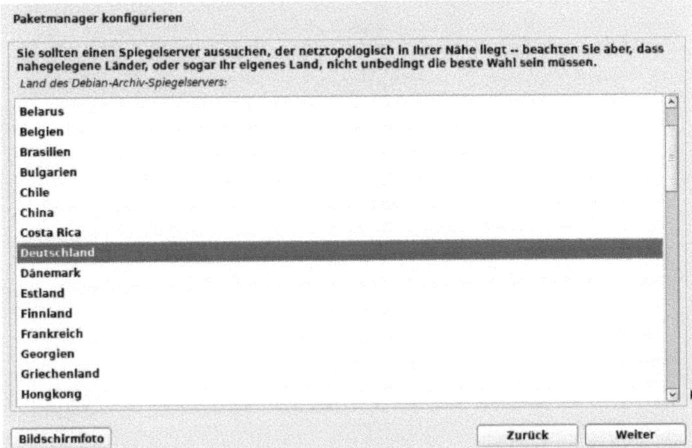

Nun stehen Ihnen einige Server zur Auswahl, die für den Standort Deutschland in Frage kommen.

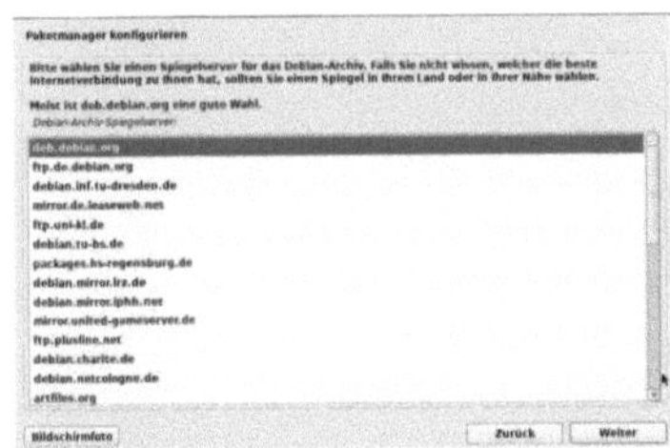

Falls Sie HTTP-Proxy nutzen, können Sie an dieser Stelle Ihre Daten eingeben.

Falls Sie das nicht tun, können Sie diese Zeile leer lassen und mit **Weiter** bestätigen.

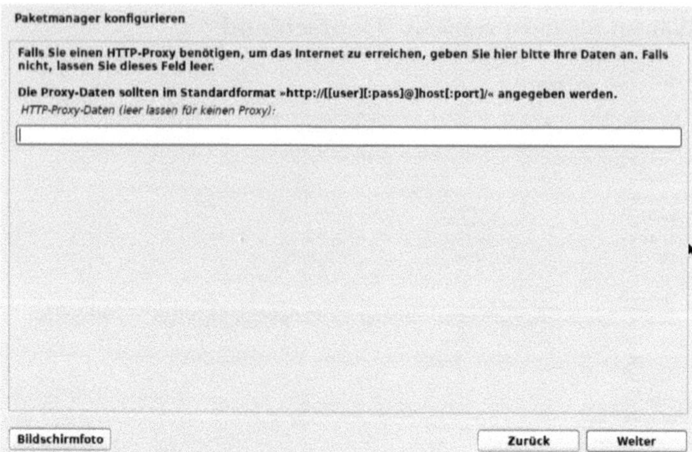

8.7.2 Auswahl der Softwarepakete

Zunächst werden die **Debian 12 Basispakete** installiert. Zu einem späteren Zeitpunkt können Sie einzelne zusätzliche Komponenten auswählen.

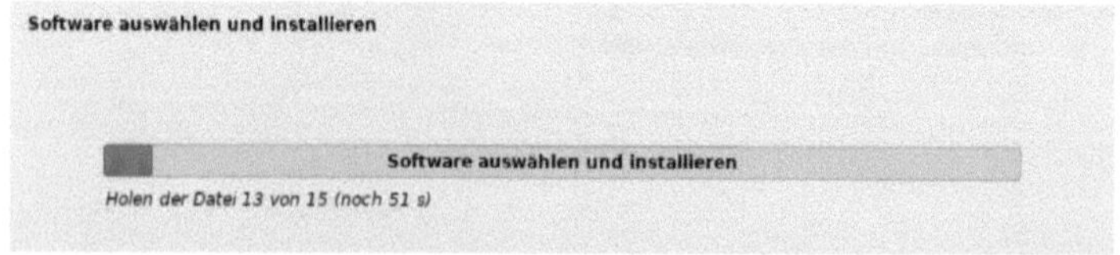

Ein Fortschrittsbalken informiert Sie darüber, wie lange dieser Schritt dauern wird.

Da die meisten Pakete aus dem Internet heruntergeladen werden, hängt die Downloadzeit von der Geschwindigkeit Ihrer Internetverbindung ab.
Wenn Sie Debian unterstützen möchten, können Sie auf freiwilliger Basis an einer Datenerhebung teilnehmen.

Konfiguriere popularity-contest

Das System kann anonym Statistiken über die am meisten verwendeten Pakete auf diesem System an die Distributions-Entwickler schicken lassen. Diese Informationen beeinflussen beispielsweise die Entscheidungen, welche Pakete auf die erste CD kommen.

Wenn Sie sich entscheiden teilzunehmen, wird das automatische Übertragungsprogramm wöchentlich ausgeführt und Statistiken an die Distributions-Entwickler senden. Die vollständigen Statistiken können unter https://popcon.debian.org/ eingesehen werden.

Die Wahl kann später durch Ausführen von »dpkg-reconfigure popularity-contest« geändert werden.

An der Paketverwendungserfassung teilnehmen?

◉ Nein

○ Ja

| Bildschirmfoto | | Zurück | Weiter |

Debian möchte wissen, welche Pakete Sie auf Ihrem System installieren. Die Übertragung dieser Daten erfolgt anonym.

Sie werden daher gefragt:
An der Paketverwendungserfassung teilnehmen?

Die voreingestellte Antwort ist an dieser Stelle **Nein**.

Wenn Sie mit der Übermittlung der Daten einverstanden sind, klicken Sie auf **Ja**.

Bestätigen Sie Ihre Eingabe mit **Weiter**.

Im nächsten Fenster wählen Sie nun Ihre bevorzugte Desktopumgebung aus.

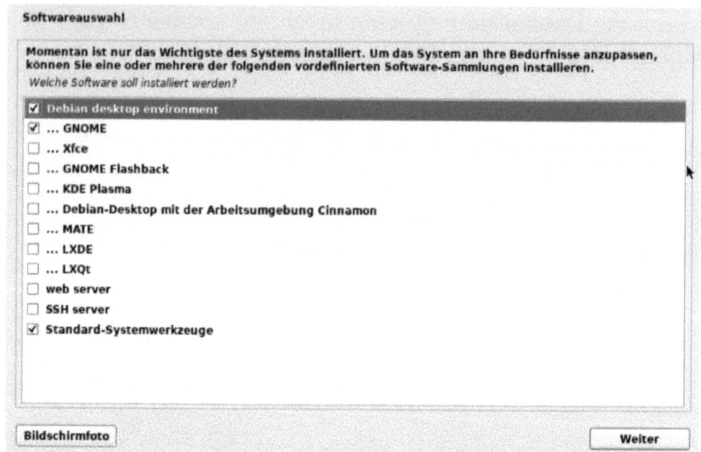

Zur Auswahl stehen:

- GNOME

- XFCE

- KDE PLASMA

- CINNAMON

- MATE

- LXDE

- LXQt

Bei **Debian desktop environment** handelt es sich um den GNOME Desktop.

Obwohl es möglich ist, sollte man alternative Desktops nicht gleichzeitig installieren.

Wenn man sich dennoch dafür entscheidet, wählt man beim Login den gewünschten Desktop aus.

Es ist empfehlenswert, die Standard-Systemwerkzeuge zusätzlich zu installieren.

Gleiches gilt für SSH-Server, Webserver und Druckserver, falls Sie vorhaben, später darauf zurückzugreifen.

Sie können mithilfe des Balkens verfolgen, wie viel Zeit für die Installation von Debian 12 noch benötigt wird.

Dies dauert je nach gewählter Desktop-Umgebung unterschiedlich lange.

Wenn Sie dieses Fenster sehen, haben Sie im Moment nichts mehr zu tun.

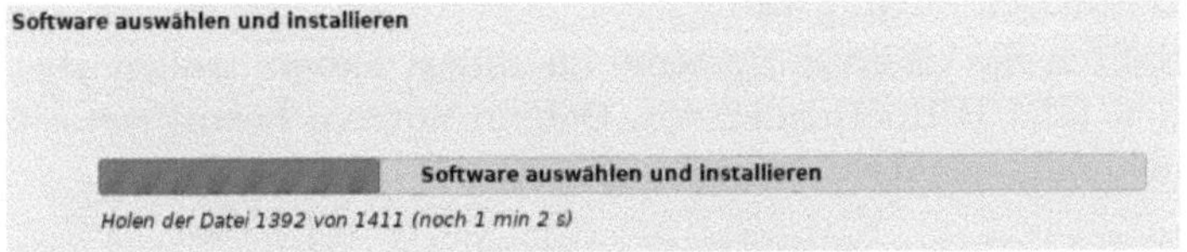

8.7.3 Bootloader installieren

Der GRUB-Bootloader sorgt dafür, dass alle auf der Festplatte befindlichen Betriebssysteme ordnungsgemäß erkannt werden.

Sollten mehrere Betriebssysteme parallel installiert sein, so wird durch GRUB noch vor dem Bootvorgang ein Boot-Auswahl-Menü gezeigt.

Hier kann ausgewählt werden, welches Betriebssystem starten soll.

Darüber hinaus wird in GRUB auch ein Standard-Betriebssystem festgelegt, das nach einer bestimmten Zeit automatisch starten soll, falls keine andere Wahl getroffen wird.

Das Boot-Auswahl-Menü ist aber auch nützlich, wenn Sie nur ein Betriebssystem installiert haben.
Es ist über dieses Menü möglich, zu einer Version mit einem älteren Kernel zurückzukehren.
Auch für die Reparatur von defekten Systemen ist GRUB sehr hilfreich.
Sollten Sie nur ein Betriebssystem auf Ihrem Rechner installiert haben, so installieren Sie den GRUB-Bootloader in den Master Boot Records (MBR) Ihrer Festplatte.
Bestätigen Sie mit **Ja**!
Sollten Sie mehrere Systeme installiert haben, wollen aber den GRUB-Bootloader von Debian nutzen, bestätigen Sie ebenfalls mit **Ja**!

Sollten Sie ein weiteres System installiert haben, dessen Bootloader Sie weiter nutzen möchten, so ist es der einfachere Weg, an dieser Stelle **Nein** zu wählen.
Allerdings müssen Sie in diesem Fall im anderen System GRUB updaten, damit Debian als zweites System erkannt werden kann.

Die Vorgehensweise hierfür ist je nach System unterschiedlich. In Debian-basierten Distributionen geschieht das mit dem Befehl

```
sudo update-grub
```

Den GRUB-Bootloader installieren

Es scheint, als ob diese Installation von Debian das einzige Betriebssystem auf diesem Computer ist. Wenn dies der Fall ist, sollte es kein Problem sein, den Bootloader auf Ihrem primären Laufwerk zu installieren (auf der UEFI-Partition/dem Boot Record).

Warnung: Wenn auf Ihrem Computer ein anderes Betriebssystem installiert ist, das der Installer nicht erkannt hat, wird diese Änderung unter Umständen dazu führen, dass Sie dieses andere Betriebssystem vorläufig nicht mehr starten können. Allerdings kann GRUB im Nachhinein manuell konfiguriert werden, so dass alles wieder wie vorher funktioniert.

Den GRUB-Bootloader auf Ihrem primären Laufwerk installieren?

○ Nein

◉ Ja

Bildschirmfoto   Zurück   Weiter

Für den Fall, dass Sie mehrere Festplatten in Ihrem Rechner haben, werden diese hier aufgelistet.

Normalerweise wird der GRUB-Bootloader in den MBR der ersten Festplatte installiert.

Das ist meistens der richtige Weg.

Sie können sich aber auch für eine andere Festplatte entscheiden.

Dafür sollten Sie jedoch gute Gründe haben.

Bedenken Sie bitte, dass Debian nicht mehr booten kann, wenn der Bootloader nicht gefunden wird, wenn Sie beispielsweise die Festplatte, die Sie für die Installation des Bootloaders gewählt haben, entfernen.

Es gibt zwar auch für diesen Fall Möglichkeiten, den Bootloader neu zu installieren, jedoch setzt dies umfangreichere Kenntnisse voraus.

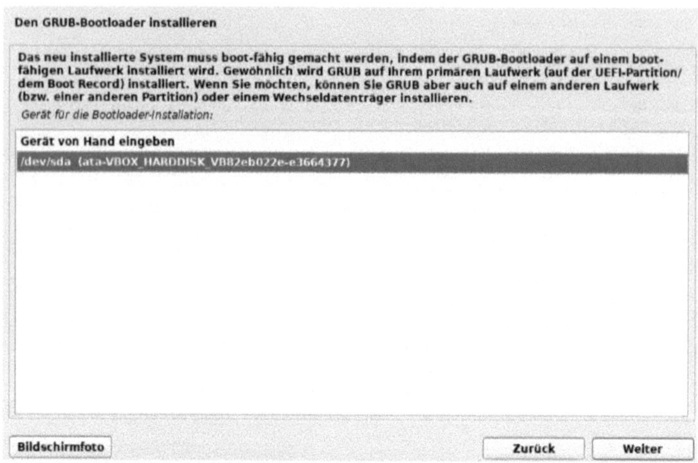

Bestätigen Sie mit **Weiter**!
Warten Sie ab, bis die ab jetzt vollautomatisch durchgeführte
Installation abgeschlossen ist.

8.8 Erster Start

Sie werden darauf hingewiesen, dass die Installation nun
abgeschlossen ist.

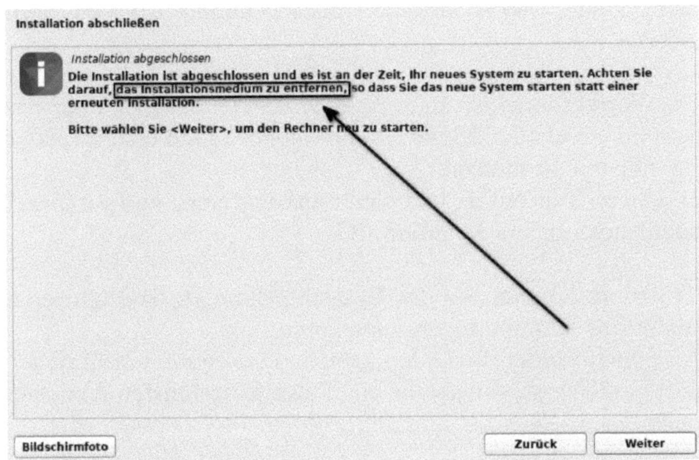

Nun müssen Sie den Computer nur noch neu starten.
Bestätigen Sie mit **Weiter**!

Vergessen Sie dabei bitte nicht, das Installationsmedium zu
entfernen, sonst würde der Installer erneut gestartet werden.

Fahren Sie fort mit Seite 53.
Seite 52 beinhaltet Informationen zur Installation mit der
Live-ISO-Datei.

9 Installation mit dem Live-System

Nachdem Sie die ISO-Datei von Ihrem Stick erfolgreich gestartet haben, werden sie sofort ins sogenannte **Live-System** geleitet.

Der Vorteil dabei ist, dass Sie sich einen Überblick über das System verschaffen können, ohne Debian 12 auf die Festplatte installieren zu müssen.
Das **Live-System** ist und bleibt auf dem Stick und verändert somit noch nichts an ihrem PC.

Trotzdem können Sie das System erkunden, konfigurieren und sogar Anwendungen installieren.
Allerdings werden Veränderungen im Live-System nicht dauerhaft gespeichert, sodass alle von Ihnen ausgeführten Aktionen nach einem Neustart hinfällig werden.

Wenn Sie sich entschieden haben, Debian 12 auf ihrem Rechner zu installieren, wählen Sie die Option zur Installation im Live-System.
Die Installation über das Live-System unterscheidet sich nur sehr geringfügig von der Installation mit dem Netinstaller.

Da Sie sich durch die Auswahl der ISO-Datei schon für eine Desktop-Umgebung entschieden haben, entfällt die Möglichkeit der Auswahl bei Installationen über die Live-ISO.
Dadurch werden die benötigten Pakete sofort von der ISO-Datei installiert.
Das Herunterladen der Dateien aus dem Internet entfällt.
Dadurch verringert sich auch die für die Installation benötigte Zeit.

10 Erste Schritte in Debian 12

10.1 Der Anmeldebildschirm

Nach einem Neustart erscheint nach einiger Zeit der Anmeldebildschirm.

Hier sollte nun der von Ihnen gewählte Benutzername zu sehen sein.

Klicken Sie auf den Namen!

Die Zeile für die Eingabe des Passworts sollte nun erscheinen.

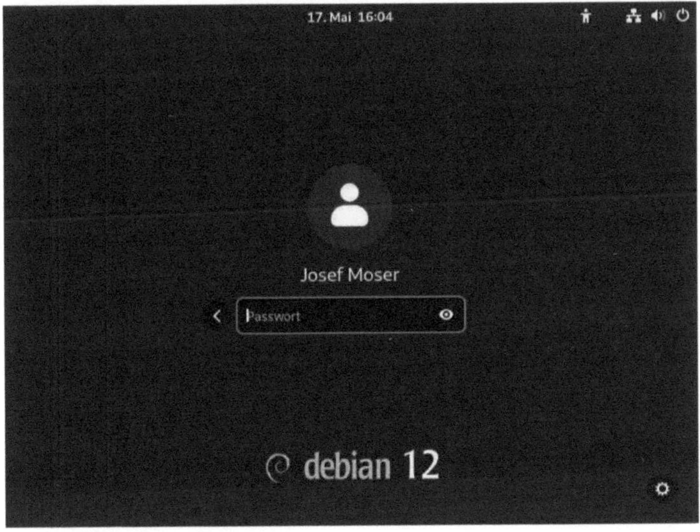

Debian 12 startet standardmäßig mit dem Display-Server Wayland.

Allerdings ist dadurch mit Einschränkungen bei bestimmten Anwendungsbereichen zu rechnen.
Das betrifft beispielsweise Screencasting.

Über das recht unscheinbare **Zahnradsymbol** links neben dem Button **Anmelden** können Sie bequem
GNOME unter Xorg starten lassen.
Auf diesem Weg lassen sich Probleme, die mit Wayland entstehen, leicht umgehen.

Darüber hinaus sind hier auch alternative Desktopumgebungen sichtbar, sofern Sie mehrere installiert haben.

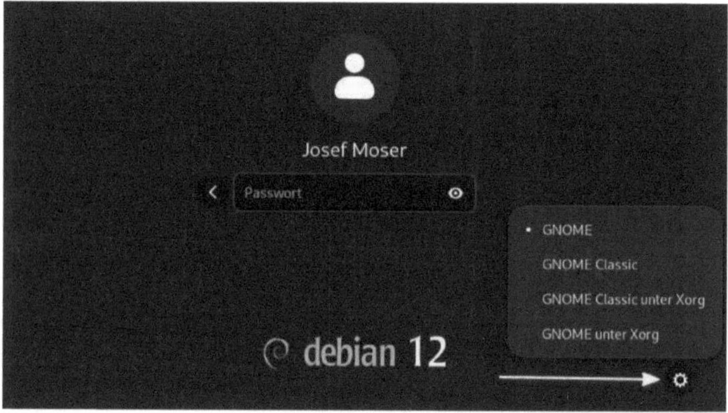

Mit Ihrem Passwort können Sie sich nun einloggen.

10.2 GNOME Desktop im Überblick

10.2.1 Wilkommen

Nach kurzer Zeit startet
Debian mit dem **GNOME Desktop**.

Beim ersten Start werden Sie durch einige Menü-Fenster geführt, bei denen Sie grundsätzliche Informationen erhalten und zu bestimmten Themen auch Entscheidungen treffen müssen.

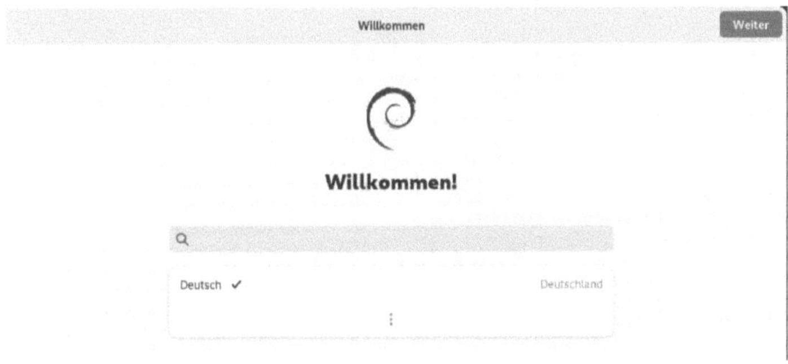

10.2.1.1 Datenschutz

Hier legen Sie fest, ob Anwendungen Ihren geographischen Ort bestimmten dürfen.
Dabei wird der Mozilla Ortungsdienst verwendet.
Über den Link Datenschutzrichtlinie können Sie sich ge- nauer über die die Einzelheiten informieren.
Diese Funktion ist standardmäßig ausgeschaltet und muss von Ihnen explizit aktiviert werden.

Im Zweifelsfall lassen Sie die Einstellung so, wie Sie sie vorfinden.

Diese Einstellung kann jederzeit zu einem späteren Zeitpunkt verändert werden.

10.2.1.2 Online-Konten

An dieser Stelle werden Sie gefragt, ob Sie sich sofort mit Online-Konten verbinden wollen, die Sie möglicherweise bereits eingerichtet haben.

Sie können die Anmeldung zu diesen Konten jedoch auch später ausführen.

Sollten Sie kein Konto bei diesen Anbietern haben, überspringen Sie das Fenster.

Den dazugehörigen Button finden Sie rechts oben.

10.2.1.3 Abschluss der Ersteinrichtung

Im letzten Fenster erscheint nur noch der Hinweis, dass Sie nun alles erledigt ist. Sie können Debian 12 starten.

10.2.2 Aktivitäten

Der Schreibtisch ist bis auf eine Leiste oben leer.
Über Aktivitäten (oben links) gelangen Sie zum Aktivitäten
Bildschirm.
Alternativ öffnen Sie dieses Fenster mit der sogenannten
[**Supertaste**] (auch Windows-Taste genannt).
Diese befindet sich zwischen [**Strg**] und [**Alt**] und zeigt oft
das Microsoft-Logo.
Am unteren Bildschirmrand sehen Sie eine Leiste, die
Dock
genannt wird.

Von hier aus haben Sie über Buttons direkten Zugang zu
Anwendungen und anderen wichtigen Funktionen des Betriebssystems.
In der Grundeinstellung sieht die Seitenleiste (Dock) folgendermaßen aus:

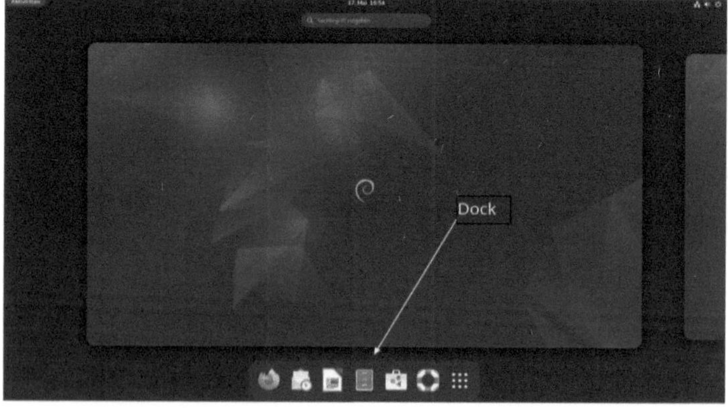

Voreingestellt sind **Programmstarter** für

- Internet Browser Firefox

- E-Mail Programm Evolution

- Textverarbeitung Libre Writer

- Dateimanager Nautilus

- Gnome Software

- Hilfe

- Anwendungsübersicht

Ein direkter Zugang zu Basis-Anwendungen wird hiermit auf einfache Weise ermöglicht.
Für detaillierte Anpassungen des Docks verwenden Sie am besten die Erweiterung Dash to Dock.

Ganz unten rechts befindet sich der Button (Launcher), mit dem man die **Anwendungsübersicht** öffnen kann.

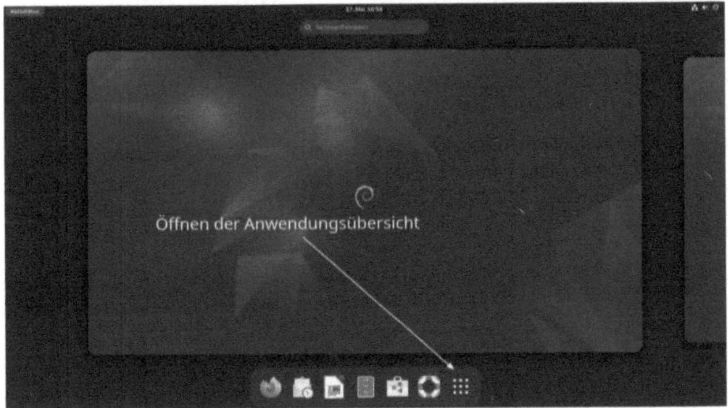

Sie können die Anwendungsübersicht auch über das Tasten-kürzel [**Supertaste**] + [**A**] öffnen.

10.2.3 Die Anwendungsübersicht

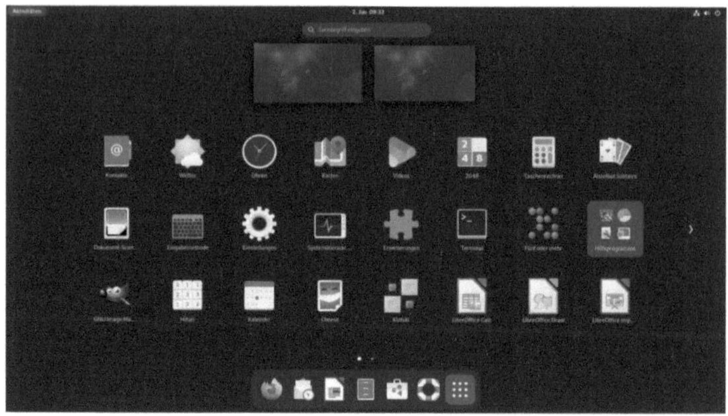

In der **Anwendungsübersicht** werden alle installierten Anwendungen angezeigt.
Es genügt ein Klick auf den jeweiligen Button, um das Programm zu starten.

Anders als in anderen Desktop-Umgebungen sind die Anwendungen in GNOME nicht in Kategorien eingeordnet.
So befindet sich beispielsweise das **Terminal** direkt neben dem Spiel **Fünf oder mehr**.

Um bestimmte Programme schneller zu finden, bietet es sich daher an, die Suchzeile zu benutzen.
Diese befindet sich oben in der Mitte des Fensters.
Es genügt oft, die ersten Buchstaben in das Suchfeld einzugeben. GNOME findet dann automatisch alle Anwendungen, auf die diese Eingabe zutreffen könnte.

Tippen Sie beispielsweise die Buchstaben **f** und **i** in das Feld, so wird Ihnen der Internet-Browser **Firefox** angezeigt.
Sollten Sie mehrere Anwendungen installiert haben, die zufällig mit **f** und **i** beginnen, so werden Ihnen alle Möglichkeiten angezeigt. Durch die Eingabe eines weiteren Buchstabens grenzen Sie dann die Auswahl nochmals ein.

Darüber hinaus können Ihnen je nach Konfiguration des Suchfelds weitere Ergebnisse angezeigt werden.
Beispielsweise kann das Suchfeld auch als Taschenrechner benutzt werden.

Sie können hier auch erweiterte Suchanfragen stellen.

Tippen Sie zum Beispiel das Wort **über** in diese Zeile.

Debian geht nun davon aus, dass Sie wahrscheinlich etwas über das System erfahren möchten, und bietet Ihnen daher einen Link zur **Systemüberwachung** an.

Auch ein Link zur **Systeminfo** wird nun angezeigt.

Tippen Sie hingegen das Wort **Spiel** in die Suchzeile, so werden Ihnen installierte Spiele angezeigt.

Da der Platz in der Anwendungsübersicht nicht ausreicht, um alle installierten Programme anzuzeigen, wird der Inhalt auf mehrere Seiten verteilt.
Diese können Sie bequem über die kleinen runden Knöpfe, die sich über dem Dock befinden, auswählen.

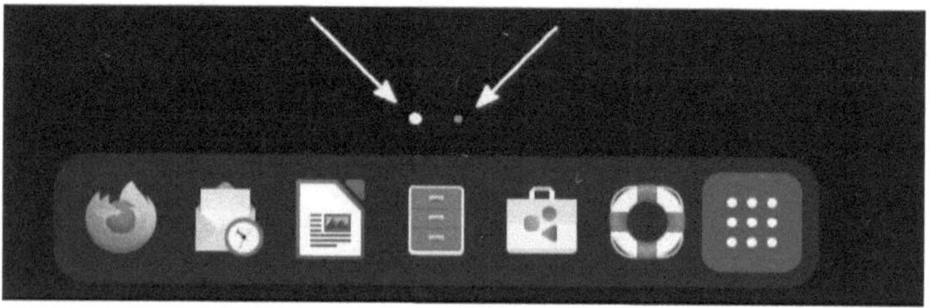

Der ausgefüllte Punkt zeigt die aktuell gewählte Seite an.

10.2.4 Konfiguration des Docks

Es ist sehr wahrscheinlich, dass Sie das Dock nach Ihren eigenen Vorstellungen konfigurieren wollen.

Die wichtigsten Aktionen können Sie direkt von der Oberfläche aus ausführen.

10.2.5 Entfernen von Programmstartern

Sollten Sie für bestimmte Programme, die sich im Dock befinden keine Verwendung haben, so können Sie diese selbstverständlich entfernen.

Es genügt ein Rechtsklick auf den entsprechenden Programmstarter.

Im Aufklappmenü wird Ihnen nun die Option

Loslösen angezeigt.

Auf diesem Weg entfernen Sie den entsprechenden Button.

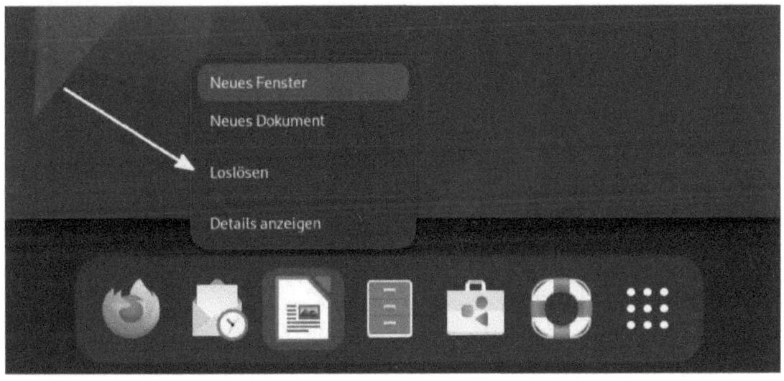

10.2.6 Hinzufügen von Programmstartern

Wenn Sie Programmstarter zum Dock hinzufügen wollen, so
müssen Sie zunächst die Anwendungsübersicht öffnen.

Hier werden alle installierten Anwendungen angezeigt.

Ein Rechtsklick auf den Programm-Button zeigt im Aufklappmenü die Option

An Dash anheften

Auf diesem Weg fügen Sie den ausgewählten Programmstarter
zum Dock hinzu.

Er wird zunächst an letzter Stelle angezeigt.

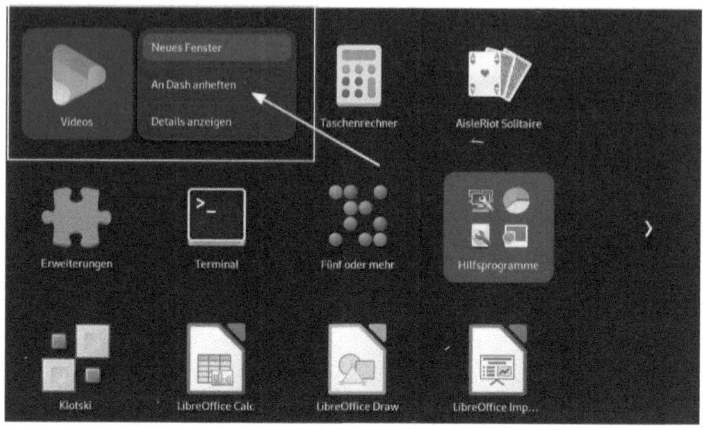

10.2.7 Reihenfolge der Programmstarter

Um die Reihenfolge der Programmstarter zu ändern, drücken Sie bitte die linke Maustaste, während Sie den Button an die von Ihnen gewünschte Position verschieben.

10.3 Die obere Leiste (Panel)

Die oberere Leiste (Panel) ist in drei Bereiche aufgeteilt.
Aktivitäten (Links)
Uhr, Kalender und Benachrichtigungen (Mitte)
Statusmenü (Rechts)

10.3.1 Aktivitäten

Der **Aktivitätenumschalter** (links) wechselt vom
Normalmodus in den Übersichtsmodus.

10.3.2 Uhr und Benachrichtigungen

Wenn Sie in der Mitte der Leiste auf die Uhr drücken, öffnet
sich ein Kalender.

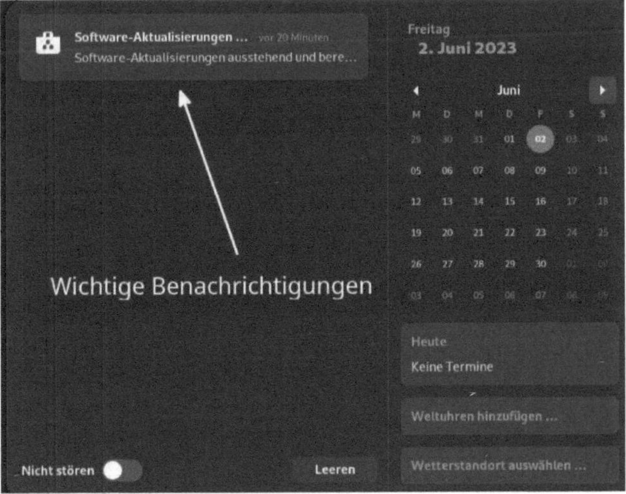

Neben den Informationen zum aktuellen Datum finden Sie hier auch ein Benachrichtigungsfenster.
Beispiel: Software-Aktualisierungen sind verfügbar.

10.3.3 Statusmenü

Auf der rechten Seite befindet sich das **Statusmenü**.

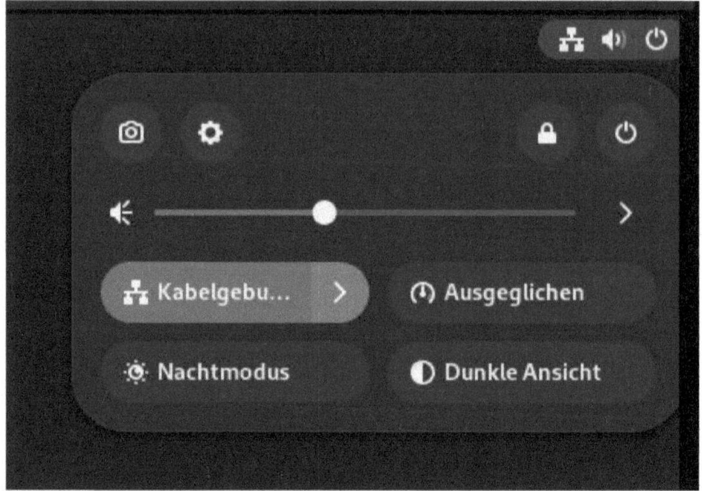

Hier findet man

- die Lautstärkeregelung für das Audio-System

- Informationen zu Netzwerkverbindungen

- Informationen zum angemeldeten Nutzer

- gegebenenfalls eine Akku-Anzeige

- Button zum Abmelden und Herunterfahren

Durch einen Klick auf das Statusmenü öffnet sich das dazugehörige Menü.
Über das Werkzeug-Symbol (Links unten) gelangen Sie auf direktem Weg zu den **Einstellungen**.

10.4 Vorinstallierte Anwendungen

Welche Anwendungen vorinstalliert sind, hängt von der Wahl der Desktopumgebung ab.
Daher erhebt diese Übersicht keinen Anspruch auf Vollständigkeit.

10.4.1 Büroprogramme

Bei Libre Office handelt es sich um eine komplette Office-Suite, die ähnlich aufgebaut ist wie Microsoft-Office.
Enthalten sind folgende Einzelprogramme:

- LibreOffice Writer Textverarbeitung

- LibreOffice Calc Tabellenkalkulation

- LibreOffice Impress Präsentationsprogramm

- LibreOffice Draw Zeichenprogramm

- LibreOffice Math Mathematische Formeln

Zum Betrachten von PDF-Dokumenten steht Ihnen folgende Anwendung zur Verfügung:

- Evince (Dokumentenbetrachter)

10.4.2 Multimedia

- Rhythmbox (Audioplayer)

10.4.3 Grafikprogramme

- Shotwell (Bilder organisieren)
- Simple Scan (Scanner)

10.4.4 Systemwerkzeuge

- GNOME Software
- Software and Updates
- Einstellungen
- Synaptic Paketverwaltung

10.4.5 Dateimanager

- Nautilus

10.4.6 Spiele

- Sudoku
- Mahjongg
- Solitaire
- Vier gewinnt
- Minen
- einige weitere kleine Spiele

10.4.7 Internet

- Firefox (Internet Browser)
- Evolution (E-Mail-Client)
- Transmission (Torrent-Client)

10.5 Arbeitsflächen

Sie können in **Debian 12** mehrere virtuelle Arbeitsumgebungen anlegen und nach Belieben zwischen diesen hin- und her wechseln.

Diese nennt man **Arbeitsflächen.**

So öffnen Sie beispielsweise auf einer Arbeitsfläche ein Textverarbeitungsprogramm, auf einer zweiten einen Internet-Browser, auf einer dritten ein Bildbearbeitungsprogramm.

Die Arbeitsflächen werden in **Aktivitäten** unterhalb der Suchzeile angezeigt.
Öffnen Sie das gewünschte Programm auf der gewählten Arbeitsfläche.

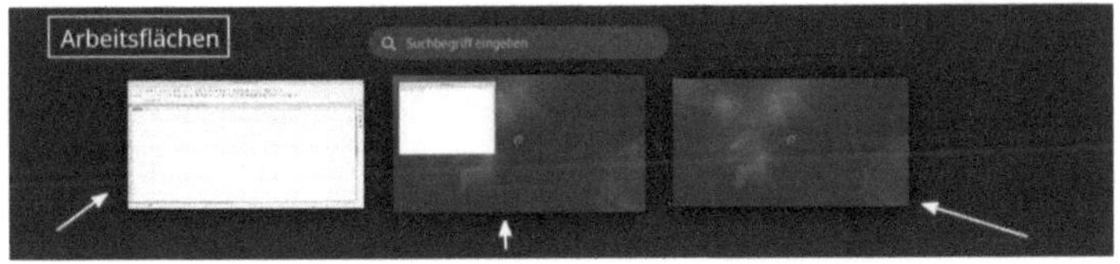

Sie können mit gedrückter linker Maustaste Inhalte von einer Arbeitsfläche auf eine andere schieben.
Alternativ dazu können Sie die einzelnen Arbeitsflächen auch mit folgender Tastatur-Kombination anwählen:
[Supertaste] (Windows-Taste) + **[Bild-Taste auf]**
[Supertaste] (Windows-Taste) + **[Bild-Taste ab]**
Dies funktioniert nur, wenn Sie statische Arbeitsflächen angelegt haben oder die dynamischen Arbeitsflächen tatsächlich belegt sind.

11 Das Terminal

Das Terminal ist die Schnittstelle, die den Anwender mit sämtlichen Funktionsmöglichkeiten, die das Betriebssystem zur Verfügung stellt, verbindet.
Für jede Aktion, die Sie ausführen wollen, gibt es einen bestimmten Befehl.
Zur Ausführung gelangt dieser Befehl, in dem Sie ihn in die Befehlszeile eingeben und danach mit ENTER bestätigen.

Um das Terminal zu öffnen, gehen Sie in die Anwendungsübersicht und tippen die ersten Buchstaben (Ter) ein.
Bestätigen Sie mit ENTER oder durch Klick auf das Symbol mit der Maustaste.
Terminal wird nun als Anwendung aufgeführt.

Nach dem Start des Terminals sehen sie lediglich eine einzige Zeile.
Sie zeigt an erster Stelle Ihren Nutzernamen, dahinter den Namen, den Sie Ihrem Rechner gegeben haben.
Der Nutzername im Beispiel ist nutzer.
Der Nutzer nutzer ist angemeldet auf (@)localhost.

Das folgende Zeichen   wird **Tilde** genannt.
Es steht für den Ort innerhalb des Rechners, an dem wir uns im Moment befinden. ist die Abkürzung für den persönlichen Ordner.

An der Stelle, an der sich der Cursor befindet, können Sie
nun den benötigten Befehl eingeben.

Einige wichtige Beispiele:

Das Aktualisieren der Paketquellen
```
sudo apt update
```

Das Aktualisieren des Systems
```
sudo apt upgrade
```

Das Installieren eines Programms
```
sudo apt install [Programmname]
```

Sie werden nach Eingabe dieser Zeilen nach dem Passwort
gefragt.
Das ist aus Sicherheitsgründen notwendig, damit auf diese
Art und Weise kein unbefugter Zugriff auf Ihr System erfolgen
kann.

Die Liste der zur Verfügung stehenden Befehle ließe sich
endlos fortführen.
So können Sie Dateien kopieren, verschieben und auch löschen.
Sie können das Terminal auch als Dateimanager verwenden,
da Sie mit einfachen Befehlen den Inhalt von Verzeichnissen
abfragen können.
Das Terminal ist in vielen Fällen sogar der effektivere und
schnellere Weg, um bestimmte Aufgaben zu erledigen.
Voraussetzung dafür ist allerdings, dass Sie die nötigen Befehle kennen und die Tastatur entsprechend schnell bedienen
können.

12 Administrator (Su, Su - und sudo)

Für viele Aktionen, die Sie im Terminal ausführen, benötigen Sie Administratorrechte (Rootrechte).

Das bedeutet, dass eingegebene Befehle durch das von Ihnen bei der Installation vergebene Root-Passwort bestätigt werden müssen.

Damit wird sicher gestellt, dass jede Änderung am System nur vom Administrator durchgeführt werden kann.

Dazu zählt jeder Eingriff in das Dateisystem, wie beispielsweise das Editieren von Konfigurationsdateien, aber auch das Durchführen von Updates und Upgrades oder das Installieren und Entfernen von Programmen.

Standardmäßig erhalten Sie bei Debian Administratorrechte nur, indem Sie sich vorübergehend als Root im Terminal einloggen.

Für manche Aktionen reicht dazu der Befehl

`su`

Sie werden im Anschluss daran nach Ihrem Passwort gefragt, das Sie nach Eingabe mit ENTER bestätigen.

Manchmal reicht su nicht aus. Dann ist die Eingabe des folgenden Befehls notwendig:

`su -`

Auch hier werden Sie nach dem Root-Passwort gefragt, das Sie nach der Eingabe mit ENTER bestätigen.

Die Eingabezeile sollte sich nach Eingabe des Passworts verändert haben.

Statt Ihres Nutzernamens (im Beispiel **nutzer**) steht nun **root** am Anfang der Zeile.

Die Befehle werden nun als Administrator ausgeführt, da Sie durch Eingabe des Passworts Ihre Berechtigung nachgewiesen haben.

Debian geht also davon aus, dass Root und Nutzer zwei verschiedene Passwörter haben.

Das macht vor allem dann Sinn, wenn mehrere Nutzer eingetragen sind, nicht jeder davon aber über Administratorrechte verfügen soll.

Viele Linux Distributionen gehen einen etwas anderen Weg, den man aber in Debian ebenfalls anwenden kann.

Über den Befehl **sudo** werden dem Nutzer vorübergehend Administratorrechte gegeben.

Dazu muss **sudo** installiert sein und der Nutzer in die Gruppe sudo eingetragen werden.

Dies erledigen Sie mit folgenden Befehlen:

`su -`   Geben Sie Ihr Root-Passwort ein!

`adduser nutzer sudo`

Starten Sie den Computer neu!

Grafische Anwendungen, für die Sie Administratorrechte benötigen, verlangen bei entsprechenden Aktionen über ein Fenster die Eingabe des Passworts.

Falls Sie vorhaben, über den Dateimanager Nautilus auf Systemdateien zuzugreifen, um diese zu konfigurieren, benötigen Sie ein Plugin, das Sie nachinstallieren müssen.

Sie installieren dieses Plugin mit folgendem Befehl:

`apt install nautilus-admin`

Beim nächsten Start von Nautilus sehen Sie nach Rechtsklick auf einen Ordner oder eine Datei einen neuen Menüpunkt **Als Administrator öffnen.**

13 Das Einrichten der Paketquellen

13.1 contrib, non-free und non-free-firmware

Möglicherweise reicht Ihnen die angebotene Auswahl an Software, die in den offiziellen Paketquellen von Debian zu finden ist, nicht aus.

Das ist insbesondere dann der Fall, wenn Sie unfreie Treiber und Codecs benötigen oder sonstige proprietäre Software nutzen möchten.

Standardmäßig sind bei Debian die Paketquellen mit der Bezeichnung main aktiviert.
Dementsprechend haben Sie nur Zugriff auf Pakete, die sich in main befinden.

Sie entscheiden selbst darüber, ob Sie nur **quelloffene** (freie) Software benutzen wollen oder auch **proprietäre** (unfreie).

Es kann allerdings vorkommen, dass Sie an unfreier Software gar nicht vorbeikommen, weil nur auf diesem Weg Ihre Hardware optimal unterstützt wird.

Um unfreie Software installieren zu können, müssen Sie die Paketquellen **contrib** und **non-free** freischalten.
Dies erledigen Sie durch das entsprechende Konfigurieren der **sources.list**.

In dieser Datei ist festgelegt, auf welche Paketquellen Sie zugreifen können. **Sources** heißt *Quellen* und **list** *Auflistung*.

Sie finden diese in **/etc/apt/** im Dateisystem.
Es handelt sich um eine Systemdatei, die Sie nur mit Administratorrechten verändern können. Sie öffnen die **sources.list** mit einem Texteditor.
Im Beispiel wird der Terminal-Texteditor **Nano** benutzt.

Sie öffnen ein Terminal.
Der folgende Befehl öffnet **sources.list** mit **Nano**:

```
nano /etc/apt/sources.list
```

Sollten Sie einen anderen Texteditor nutzen (beispielsweise **gedit**), so ersetzen Sie im Befehl **nano** durch **gedit**.

Im Editor können Sie sehen, dass im Moment nur die Paketquelle **main** eingetragen ist.

Sie ergänzen in jeder Zeile nach **main** die Paketquellen **contrib**, **non-free** und **non-free-firmware**.

*In **Nano** bewegen Sie sich mit den Pfeiltasten.*

Die **sources.list** sollte nun so aussehen:

Speichern Sie mit [Strg] + [O].
Bestätigen Sie mit ENTER.
Verlassen Sie Nano mit [Strg]+[X].

Bei einem grafischen Texteditor genügt ein Klick auf die Taste **Speichern**.

Im Terminal aktualisieren Sie nun noch die Paketquellen mit folgendem Befehl:

```
apt update
```

Jetzt können Sie bei der Suche nach Paketen auch auf die Paketquellen **contrib** und **non-free** zurückgreifen.

Suchen Sie vor allem nach fehlender Firmware.

Manche WLAN-Karten funktionieren erst nach der Installation der entsprechenden proprietären Firmware.

Beispiele:
firmware-b43-installer (für Broadcom Karten)
firmware-linux-nonfree (verschiedene Firmware)
firmware-iwlwifi (für Intel Karten)

Alternativ können Sie die beiden Paketquellen auch grafisch unterstützt aktivieren.

Sie finden das Menü unter **Software & Updates**.

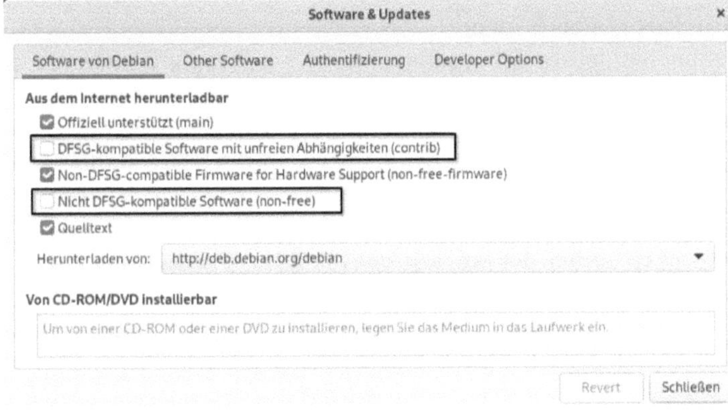

Ich empfehle jedoch, diese Aktion über das Terminal auszuführen.

In Software & Updates finden Sie auch die Einstellungsmöglichkeiten zu Updates.

Hier lässt sich festlegen,

- welche Updates installiert werden sollen

- wie oft nach Updates gesucht werden soll

- ob die möglichen Updates automatisch installiert oder nur angezeigt werden sollen

13.2 Debian Backports

Sollte Ihnen die gebotene Auswahl der Software noch nicht genügen oder nicht aktuell genug sein, so besteht die Möglichkeit, neuere Versionen von Anwendungen in den **Debian Backports** zu finden.
Dabei handelt es sich um Pakete aus den Testing-Paketquellen, die „zurückportiert" und für die stabile Debian Version passend gemacht wurden.
Die Backports müssen ebenfalls erst in die **sources.list** eingetragen werden.

```
deb http://deb.debian.org/debian buster-backports main
```

Im Anschluss daran führen Sie ein Update der Paketquellen durch.

```
sudo apt update
```

Sie installieren ein Programm aus den Backports mit folgendem Befehl:

```
sudo apt -t bookworm-backports install paketname
```

14 Software-Center (GNOME SOFTWARE)

14.1 Installation von Anwendungen

Es ist sehr wahrscheinlich, dass Ihnen die vorinstallierte Software für Ihre individuellen Bedürfnisse nicht ausreichen wird.

So fehlen beispielsweise Anwendungen für Grafikbearbeitung oder auch Videoschnitt.

Sie können Debian aber nach Ihren Wünschen erweitern, indem Sie Anwendungen nachinstallieren.

Anders als bei Windows müssen Sie in der Linux-Welt nicht im Internet nach geeigneten Programmen suchen. Das sollten Sie sogar vermeiden. In den sogenannten **Repositories** (Paketquellen) finden Sie im Prinzip alles, was in der Linux-Welt verfügbar ist.

Sie erhalten also alles aus einer Hand und sogar in den allermeisten Fällen kostenlos.

Dadurch, dass Sie Ihre Anwendungen direkt aus den Debian-Paketquellen herunterladen, sind diese auch vertrauenswürdiger als vieles, was Sie im Internet für Windows finden.

Es gibt verschiedene Möglichkeiten, Anwendungen auszuwählen und zu installieren.

Der erste und einfachste Weg führt über das Programm GNOME SOFTWARE, das Sie im Dock finden.

Dargestellt wird GNOME SOFTWARE durch eine Einkaufstasche.

Lassen Sie sich durch das Symbol der Einkaufstasche nicht abschrecken. Sie müssen hier nichts kaufen.

Nach dem Start von GNOME-Software sehen Sie eine Übersicht, die Ihnen das weitere Vorgehen sehr erleichtern wird.

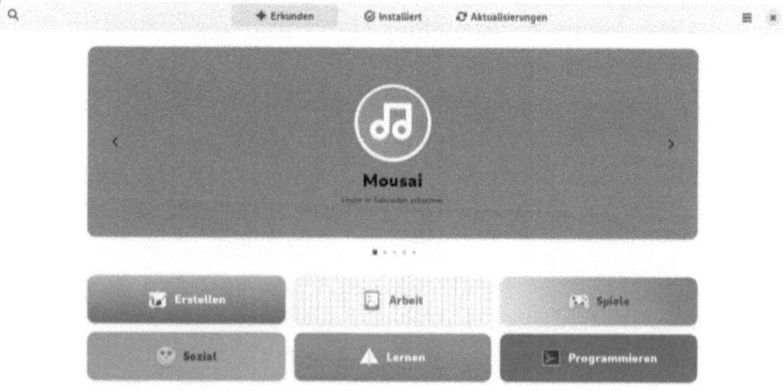

Sie können unschwer erkennen, dass die Anwendungen in **Kategorien** eingeordnet sind.

Das erleichtert die Suche, wenn Sie nicht wissen, wie die entsprechenden Programme in der Linux-Welt heißen.

Sie möchten gerne Ihre **Urlaubsfotos bearbeiten** und suchen nun nach einem entsprechenden Programm.

Wenn Sie wissen, wie die Anwendung heißt, so können Sie mit der Lupe rechts oben danach suchen.

Wenn Sie es nicht wissen, empfiehlt es sich, in der Kategorie **Erstellen** danach zu suchen.

Alle Programme, die Ihnen nun gezeigt werden, haben mehr oder weniger mit der Erstellung oder Bearbeitung von Dateien zu tun.

Um nähere Informationen zu einer bestimmten Anwendung zu erhalten, klicken Sie auf den entsprechenden Button.

Am Beispiel von **Darktable** zeige ich Ihnen nun, wie Sie das von Ihnen gewählte Programm auf einfache Art und Weise installieren können.

Bei **Darktable** handelt es sich um ein mächtiges Fotobearbeitungsprogramm, mit dem Sie Helligkeit, Kontrast, Sättigung, Belichtung und viele weitere Eigenschaften Ihres Bildes editieren können.

Nachdem Sie **Darktable** in der Übersicht angewählt haben, öffnet sich ein Fenster, das Ihnen eine kurze Beschreibung der Anwendung und eine Ansicht der Programmoberfläche zeigt.

Zusätzlich erhalten Sie unter **Details** Informationen zu der aktuellen Version und welche Quelle für den Download benutzt wird.

Organisiere und entwickle Bilder von Digitalkameras

darktable verwaltet digitale Negative in einer Datenbank und erlaubt es, diese auf einem Leuchttisch zu betrachten. Außerdem können Raw-Bilder in einer Dunkelkammer entwickelt und verbessert werden.

Weitere Modi neben Leuchttisch und Dunkelkammer sind eine Karte für Geotagging, Tethering, Druck und eine Diashow.

Meinungen und Kommentare entnehmen Sie den unten stehenden Rezensionen.

Falls Sie sich entschieden haben, diese Software zu installieren, müssen Sie nur noch auf den entsprechenden Button drücken.

Im nun folgenden Fenster werden Sie darauf hingewiesen, dass Sie für diese Aktion Ihr Passwort eingeben müssen. Dabei handelt es sich um das Passwort, das Sie bei der Installation vergeben haben und das Sie auch für die Anmeldung benötigen.

Das verhindert, dass ohne Ihr Wissen Software auf Ihrem Rechner installiert wird und ist somit eine wichtige Sicherheitsmaßnahme.

Den Verlauf der Installation können Sie nun mithilfe eines Balkens und dazugehöriger Prozentzahlanzeige verfolgen.

Der Installationsprozess dauert in der Regel nicht sehr lange.

Sie können **Darktable** sofort aus GNOME SOFTWARE heraus starten.

Klicken Sie dafür auf den Button **Öffnen**.

Sie finden das Programm nach der Installation in der Anwendungsübersicht.
In der Suchzeile genügt die Eingabe der ersten Buchstaben.

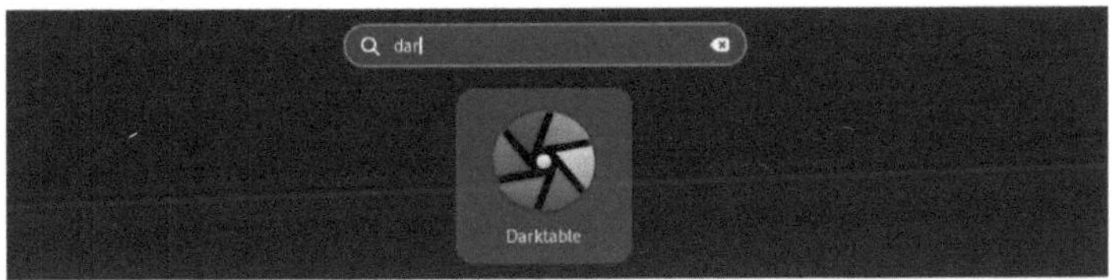

14.2 Entfernen von Programmen

Über GNOME SOFTWARE können Sie Anwendungen nicht nur installieren, sondern auch entfernen, falls Sie Ihnen nicht zusagen.

Dazu wählen Sie in GNOME SOFTWARE oben in der Mitte den Button **Installiert** aus.

Im folgenden Fenster werden Ihnen alle Anwendungen gezeigt, die im Moment auf Ihrem Rechner installiert sind.
Daneben sehen Sie den Knopf mit der Bezeichnung **Deinstallieren**.

Seien Sie jedoch bitte vorsichtig und löschen Sie keinesfalls Anwendungen, von denen Sie nicht genau wissen, welche Funktion sie erfüllen!

So kann das Löschen von wichtigen Systemprogrammen im ungünstigsten Fall das ganze Betriebssystem unbrauchbar machen.

15 Andere Installationsmöglichkeiten

GNOME SOFTWARE ist aber nicht der einzige Weg, wie Sie Anwendungen installieren können.

Alternativen sind:

- das Programm **Synaptic**

  Für versierte Nutzer bietet dieses Programm einen erheblich größeren Funktionsumfang als Gnome Software.

  Allerdings bedarf es auch einer gewissen Einarbeitungszeit, um alle Möglichkeiten ausschöpfen zu können.

- das **Terminal**

  Über das Terminal lassen sich ebenfalls alle Anwendungen installieren, die sich in den Debian-Paketquellen befinden.

  Voraussetzung ist allerdings, dass Sie den exakten Namen des betreffenden Programms kennen oder wissen, wie man ihn herausfindet.

  Auch auf diesem Weg ist die Anmeldung als Root oder sudo notwendig.

  Der Befehl zur Installation von Anwendungen über das Terminal lautet:

  ```
  apt install Paketname
  ```

15.1 Synaptic

Öffnen Sie über die Anwendungsübersicht das Programm
Synaptic.
Dazu benötigen Sie Ihr Passwort.

Über den Knopf **Suche** (Lupe rechts oben) öffnet sich ein
Fenster.
Hier tippen Sie den Namen des gewünschten Programms ein.
(Im Beispiel darktable).
Bestätigen Sie mit **Suchen**.

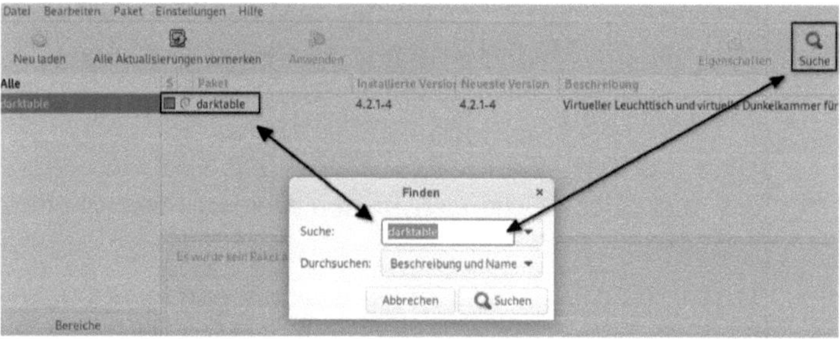

Im Hauptfenster sehen Sie nun eine Auswahl an Anwendungen, die den Begriff **darktable** im Namen beinhalten.
In der Beschreibung finden Sie weitere Informationen zu den
gefundenen Paketen.

Das Programm selbst finden Sie in diesem Fall in der ersten
Zeile des Hauptfensters.
Allerdings gibt es bei anderen Anwendungen auch Erweite-
rungen und Zusatzprogramme, die für eine Installation in
Frage kommen. Lesen Sie daher die Beschreibung der Pakete
genau durch.

Installieren Sie das Programm durch Ankreuzen der Checkbox links vom Programmnamen.
Bestätigen Sie **Zum Installieren vormerken.**

Neben der Installation des eigentlichen Programms müssen meist noch zusätzliche Pakete installiert werden.
Dabei handelt es sich meist um Abhängigkeiten, die das Programm benötigt, die sich aber noch nicht auf dem Rechner befinden.
Ohne diese notwendigen Änderungen funktioniert die Anwendung nicht.

Bestätigen Sie mit **Vormerken.**

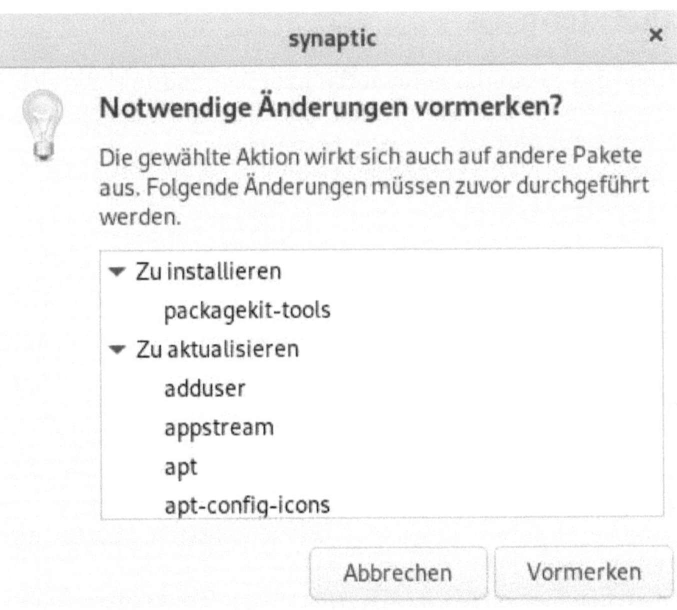

Durch **Anwenden** werden die Anwendung und die benötigten weiteren Pakete endgültig installiert.

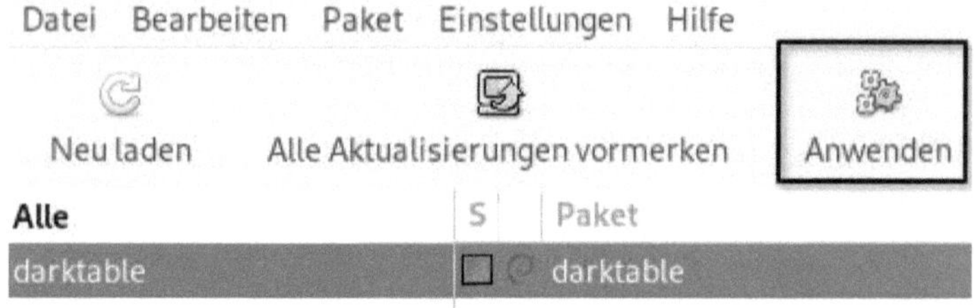

15.2 Terminal

Über das Terminal können Sie jede Anwendung, die sich in den aktivierten Paketquellen befindet, auf einfache Weise installieren und auch wieder entfernen.
Öffnen Sie dazu das Terminal.

```
su -
apt install paketname
```

oder (falls Sie in der Gruppe **sudo** sind):

```
sudo apt install paketname
```

Voraussetzung dafür ist, dass Sie wissen, welchen Namen das Programm hat. Dies wird manchmal dadurch erschwert, dass manche Desktop-Umgebungen den richtigen Namen nicht mehr ausweisen.
So treffen Sie beim GNOME Desktop auf **Texteditor**, obwohl sich dahinter die Anwendung **gnome-text-editor** verbirgt.

15.3 Flatpaks

Flatpaks bieten eine Möglichkeit, wie Sie aktuelle Anwendungen unabhängig von der gewählten Distribution und seinem Paketmanagement auf Ihrem Rechner installieren können.

Flatpaks stellen sowohl die Anwendung selbst als auch die benötigten Abhängigkeiten in einem abgeschlossenen Gesamtpaket zur Verfügung.
Um Flatpaks nutzen zu können, installieren Sie zunächst das Basispaket.

```
sudo apt install flatpak
```

Um Flatpaks über **Software** installieren zu können, sind folgende Befehle notwendig:
```
sudo apt install gnome-software-plugin-flatpak
```

```
flatpak remote-add -if-not-exists flathub
https://flathub.org/repo/flathub.flatpakrepo
```

Damit die getroffenen Änderungen wirksam werden, starten Sie den Computer neu.

Suchen Sie in **Software** beispielsweise nach GIMP. Es werden Ihnen nun zwei Alternativen angezeigt:

- die Version aus den Debian Paketquellen (deb)

- ein Flatpak

Die Flatpak-Version gibt als Quelle **flathub** an.

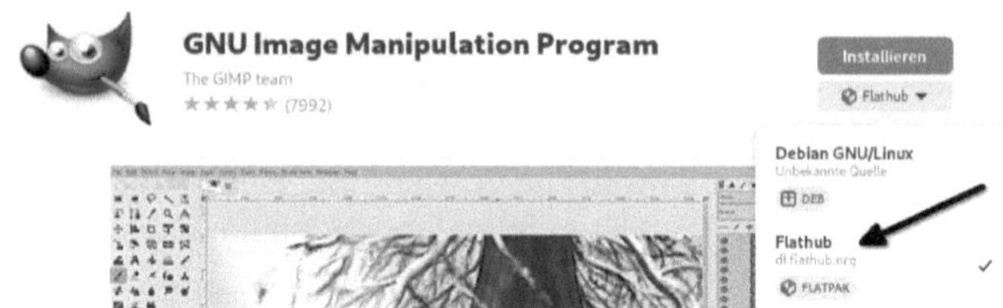

Wenn Sie einen Überblick haben möchten, welche Flatpaks auf Ihrem System installiert sind, so können Sie das mit folgendem Befehl herausfinden:

```
flatpak list
```

Die angezeigte Liste zeigt den Namen der Anwendung, eine kurze Beschreibung, die Versionsnummer und auch die Quelle an.

Flatpak Anwendungen updaten Sie mit folgendem Befehl:

```
sudo flatpak update anwendung
```

Sollten Sie alle installierten Flatpaks updaten wollen, so nutzen Sie diesen Befehl:

```
sudo flatpak update -nutzer
```

Konfigurationsdaten für Flatpaks finden Sie unter folgender Adresse: /home/nutzer/.var/app/

Beispiel:

Der vollständige Pfad für die Anwendung **Franz** lautet:
`/home/nutzer/.var/app/com.meetfranz.Franz/config`

Franz ist eine Chat- und Messaging-Anwendung. Geeignet für die Integration von Twitter, Telegram, Discord und vielen weiteren derartigen Diensten.

15.4 Snaps

Snaps sind ähnlich aufgebaut wie Flatpaks.
Auch sie sind plattformunabhängig einsetzbar.
Zunächst muss auch hier das Basispaket **snapd** installiert werden.

```
apt install snapd
```

Nach der Installation von **snapd** ist ein Neustart notwendig.
Erst dann können Sie Snap-Pakete installieren.
Über die Webseite **snapcraft.io** suchen Sie nach verfügbaren Paketen.
Über das Terminal installieren Sie dann die gewünschte Anwendung.

```
snap install paketname
```

Updates von allen installierten Snap-Paketen erledigt man über folgenden Befehl:

```
snap refresh
```

Will man lediglich wissen, von welchen Snap-Paketen es Updates gibt, so kann man sich eine Liste mit folgendem Befehl anzeigen lassen:

```
snap refresh -list
```

Möchte man nur ein bestimmtes Snap-Paket updaten, dann kann man das mit dem folgenden Befehl tun:

```
snap refresh paketname
```

15.5 Fremdquellen

Zusätzlich zu den genannten Möglichkeiten können Sie Anwendungen auch aus Fremdquellen installieren, sofern diese als DEB-Paket angeboten werden.

Dabei ist aber unbedingt darauf zu achten, ob die Quelle vertrauenswürdig ist.
Debian übernimmt für Programme aus Fremdquellen keine Garantie.
Sie installieren diese auf eigenes Risiko.
Dennoch gibt es einige interessante Anwendungen, die sich leider nicht in den Debian Paketquellen finden.
Ein Beispiel ist der Internetbrowser **Vivaldi**.

Auf der Downloadseite finden Sie Versionen für Linux.
Für Debian 12 wählen Sie **Linux DEB 64 bit**.

Diese Datei wird in den Downloads Ordner geladen.
Danach lässt sie sich über **Software** installieren.

16 Installieren von Sprachpaketen

Manchmal kommt es vor, dass Anwendungen nicht mit den deutschen Sprachpaketen installiert werden.
In diesem Fall startet das Programm in englischer Sprache und es ist daher notwendig, das deutsche Sprachpaket nachträglich zu installieren.
Sprachpakete für Anwendungen tragen die Bezeichnung **l10n** im Namen.
Gibt es ein Paket speziell für die deutsche Sprache, so findet sich **de** am Ende des Paketnamens.
Ein Beispiel ist das Email-Programm **Thunderbird**.

Das deutsche Sprachpaket installieren Sie mit folgendem Befehl:

```
apt install thunderbird-l10n-de
```

Auch der Chromium-Browser startet erst einmal in englischer Sprache.
In diesem Fall müssen aber alle verfügbaren Sprachpakete nachinstalliert werden.

```
apt install chromium-l10n
```

Beim nächsten Start erkennt Chromium die Spracheinstellung und passt sich dementsprechend an.
Ähnlich gehen Sie bei anderen Anwendungen vor, bei denen die deutsche Sprachunterstützung fehlt.
Suchen Sie am besten in **Synaptic** nach Dateien mit dem Zusatz **l10n**.
Dabei handelt es sich immer um Sprachpakete.

17 Aktualisierung des Systems

Sie sollten Ihr Linux-System immer aktuell halten.
Dazu ist es notwendig, von Zeit zu Zeit Upgrades durchzuführen.
führen.
Auch wenn sich bei Debian die Anzahl der Upgrades im Vergleich zu anderen Distributionen in Grenzen hält, so sollte man sie dennoch nicht vernachlässigen. Meist handelt es sich um wichtige Sicherheitsupdates und Bugfixes.
Neue Versionen von Anwendungen hingegen dürfen Sie bei Debian nach dem Upgradevorgang nicht erwarten.
Es gibt mehrere Möglichkeiten, wie Sie Upgrades durchführen können.

17.1 GNOME Software

Eine einfache und intuitive Methode ist es, Aktualisierungen über **Software** durchzuführen.

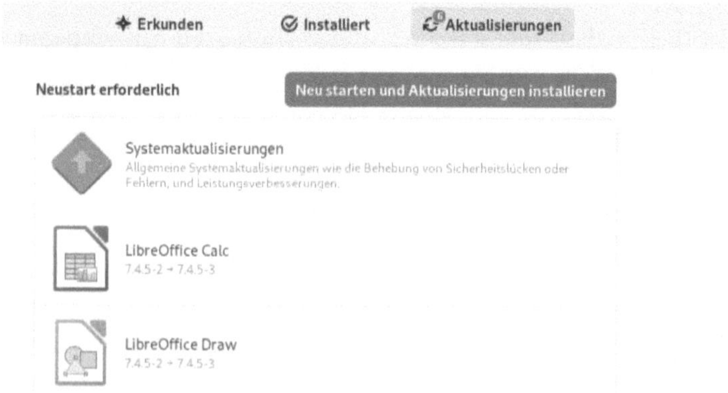

Dazu öffnen Sie das Software Center.

Auf der rechten Seite sehen Sie einen Reiter mit der Bezeichnung **Aktualisierungen**.

Wenn Sie diesen öffnen, werden Ihnen alle möglichen Aktualisierungen angezeigt.

In diesem Fall sind es einige Upgrades des Systems selbst und eine neuere Version von LibreOffice.

17.2 Synaptic

Auch über **Synaptic** lassen sich Upgrades durchführen.

In der Kategorie **Installiert (aktualisierbar)** finden sich ebenfalls alle möglichen Aktualisierungen.

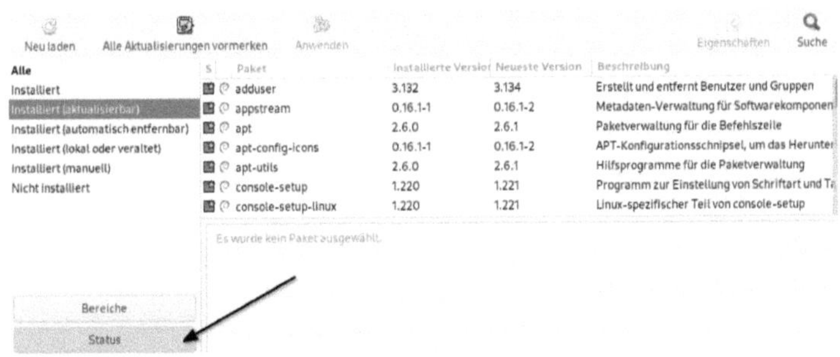

17.3 Terminal

Im Terminal aktualisieren Sie die Paketquellen mit:

```
sudo apt update
```

Um die aktualisierbaren Pakete einzusehen, verwenden Sie
folgenden Befehl:

```
sudo apt list -upgradeable
```

(Das Ergebnis im Beispiel ist identisch mit Synapic.)

```
Statusinformationen werden eingelesen… Fertig
Aktualisierung für 116 Pakete verfügbar. Führen Sie »apt list --upgradable« aus, um sie anzuzeigen.
josef@localhost:~$ apt list --upgradable
Auflistung… Fertig
adduser/testing 3.134 all [aktualisierbar von: 3.132]
appstream/testing 0.16.1-2 amd64 [aktualisierbar von: 0.16.1-1]
apt-config-icons/testing 0.16.1-2 all [aktualisierbar von: 0.16.1-1]
apt-utils/testing 2.6.1 amd64 [aktualisierbar von: 2.6.0]
apt/testing 2.6.1 amd64 [aktualisierbar von: 2.6.0]
console-setup-linux/testing 1.221 all [aktualisierbar von: 1.220]
```

Mit
```
sudo apt upgrade
```
führen Sie die Aktualisierung durch.

18 Der Dateimanager (Nautilus)

Über den sogenannten **Dateimanager** erhalten Sie auf problemlose Weise Zugang zu den wichtigen Orten in Ihrem System.
Im **Dateimanager** können Sie

- Ordner und Dateien ansehen

- Ordner und Dateien erzeugen

- Ordner und Dateien verschieben

- Ordner und Dateien kopieren

- Ordner und Dateien löschen

Von hier aus haben Sie auch Zugang zum Dateisystem. Konfigurationen auf Systemebene macht man zwar in der Regel im Terminal oder über einen Editor, aber der Dateimanager reicht in der Regel aus, um sich einen Überblick zu verschaffen.

Die verschiedenen Desktop-Umgebungen bringen meist ihre eigenen Dateimanager mit.

Im Fall von Debian ist das **Nautilus**.
Die Funktionsvielfalt ist gegenüber anderen Dateimanagern etwas eingeschränkt, sollte aber für die meisten alltäglichen Aufgaben ausreichend sein.

Es gibt die Möglichkeit, alternative Dateimanager zu installieren, sofern Ihnen diese besser zusagen. (apt install nemo, apt install caja, apt install thunar)

Machen Sie sich mit **Nautilus** vertraut, denn Sie werden den Dateimanager in Zukunft sicher sehr oft benutzen.
Sie öffnen **Nautilus** über das Dock durch einen Klick auf das Symbol mit dem Karteikasten.

So sieht **Nautilus** aus:

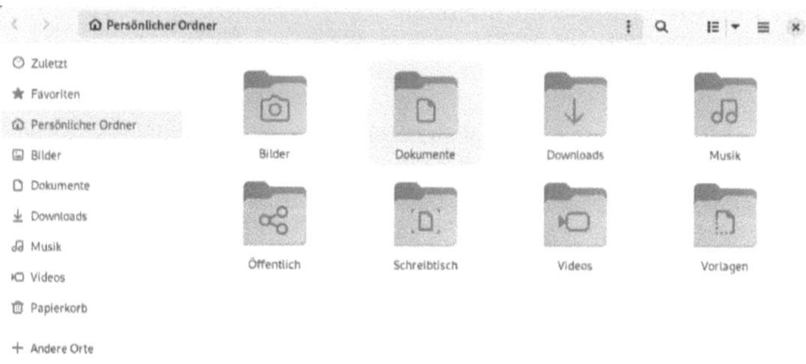

Auf der linken Seite befindet sich eine Übersicht anwählbarer **Verzeichnisse.**
Standardmäßig ist hier der persönliche Ordner ausgewählt.
Rechts davon sehen Sie, welche Inhalte sich darin befinden.
Es sind alle Verzeichnisse zu sehen, die entweder vom Betriebssystem bereits während der Installation oder von Ihnen selbst zu einem späteren Zeitpunkt angelegt wurden.

Zusätzlich haben Sie Zugriff auf

- zuletzt verwendete Dokumente

- Favoriten

- den Papierkorb

- andere Orte (damit sind beispielsweise externe Festplatten, SD-Karten, USB-Sticks und ein eingerichtetes Netzwerk gemeint)

Sie können oft genutzte Dokumente kennzeichnen und als **Favoriten** ablegen.

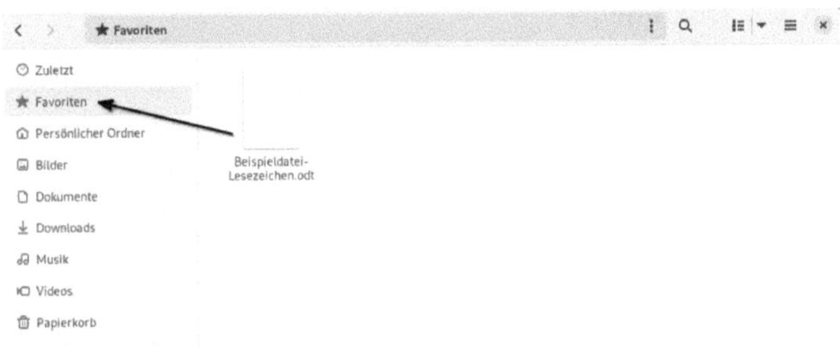

Im Beispiel wurde eine Datei erzeugt, die den Namen **Test** trägt.

Diese schieben Sie nun bei gedrückter linker Maustaste in die Kategorie **Favoriten**.

Der Ursprungsort bleibt dabei vorhanden.
Die Datei wird nicht verschoben, sondern lediglich für einen Schnellzugriff markiert.

18.1 Verfügbare Ordner

18.1.1 Bilder

In diesem Verzeichnis werden Bilddateien abgelegt.

18.1.2 Dokumente

In diesem Verzeichnis werden Dokumente aller Art abgelegt. Beispielsweise finden sich hier Textdateien oder Tabellenkalkulationen, die Sie mit Libre Office erstellen.

18.1.3 Downloads

Sämtliche Dateien, die Sie aus dem Internet herunterladen, finden Sie anschließend in diesem Verzeichnis.

18.1.4 Musik

Hier finden Sie Ihre Musiksammlung.

18.1.5 Öffentlich

In diesem Verzeichnis können Sie Dateien sammeln, die Sie in einem Netzwerk öffentlich zugänglich machen wollen.

18.1.6 Schreibtisch

Jede Datei, die Sie auf dem Schreibtisch ablegen, finden Sie in diesem Ordner. Allerdings wurde die Funktion aus GNOME entfernt. In anderen Desktopumgebungen können Sie jedoch nach wie vor Dateien und Ordner auf dem Schreibtisch ablegen.

18.1.7 Videos

Da es mittlerweile viele brauchbare Anwendungen für den Filmschnitt gibt, ist es auch sinnvoll, im persönlichen Ordner ein Verzeichnis für Filmdateien anzulegen. Filme, die Sie eventuell aus dem Internet herunterladen (bitte Urheberrecht beachten), landen zwar erst einmal im Downloads-Ordner, können aber danach bequem hierher verschoben werden.

18.1.8 Vorlagen

In diesem Ordner können Sie alle bereits vorhandenen oder von Ihnen erstellten Vorlagen für verschiedene Anwendungen ablegen. Auf diese Weise müssen Sie nach dem Start des entsprechenden Programms nicht lange danach suchen.

18.2 Konfiguration des persönlichen Ordners

Selbstverständlich können Sie den Inhalt Ihres persönlichen Ordners auch auf ganz andere Weise gestalten.

18.2.1 Überblick

Sie können:

- zusätzliche Ordner erzeugen

- Unterverzeichnisse anlegen

- vorhandene Ordner löschen

- vorhandene Ordner umbenennen

Ein Doppelklick auf ein Verzeichnis zeigt Ihnen den Inhalt an.

Das können einzelne Dateien sein oder auch weitere Ordner, die auf dieser Ebene angelegt wurden.

Die Pfeile links oben in der Ecke helfen beim Navigieren. Der rechte Pfeil öffnet das angewählte Verzeichnis, der linke führt Sie wieder zurück zum Ausgangspunkt.

In der Verzeichnisliste findet sich ganz oben der Eintrag **Zuletzt**.

Hier werden Dateien abgelegt, die Sie in letzter Zeit verwendet haben.
Ganz unten in der Verzeichnisliste findet sich der Eintrag **Andere Orte**.
Dieser führt Sie

- zum Dateisystem (hier Rechner genannt)

- zu den eingerichteten Netzwerken

- zu weiteren Festplatten (intern oder extern)

- zu USB-Sticks

- zu SD-Karten

Ein Rechtsklick auf ein Verzeichnis eröffnet zahlreiche Möglichkeiten der weiteren Bearbeitung.
So können Sie das Verzeichnis

- Öffnen: im selben Fenster öffnen

- In neuem Reiter öffnen: in einem neuen Reiter innerhalb des selben Fensters öffnen

- In neuem Fenster öffnen

Sie können ein Verzeichnis oder eine Datei
Verschieben und auch **Kopieren**.

Nach einem Rechtsklick auf das Verzeichnis oder die Datei

- wählen Sie **Ausschneiden**, wenn Sie die Datei verschieben möchten.

- wählen Sie **Kopieren**, wenn Sie die Datei kopieren möchten.

Die Datei wird zunächst in einer Zwischenablage gespeichert.

Wechseln Sie nun ins Zielverzeichnis.

Mit **Einfügen** (Rechtsklick auf leere Fläche im Zielordner) führen Sie den Vorgang aus.

Sie können das Verzeichnis aber auch mit den Befehlen **Verschieben nach ...** und **Kopieren nach ...** an einen anderen

Ort verschieben oder kopieren.

In diesem Fall müssen Sie ein **Ziel** bestimmen und den Vorgang mit **Auswählen** bestätigen.

Das **Löschen** von Verzeichnissen und Dateien ist möglich, indem Sie das angewählte Verzeichnis
in den Papierkorb verschieben.

Mit dieser Aktion ist es jedoch noch nicht endgültig gelöscht. Es ist jederzeit im Papierkorb auffindbar und somit auch wiederherzustellen.
Erst wenn Sie den **Papierkorb leeren**, wird der Löschvorgang endgültig ausgeführt.

Mit **Umbenennen** ist es möglich, den Namen zu verändern.

Die Auswahl **Eigenschaften** ist vor allem dann wichtig, wenn Sie die **Zugriffsrechte** des gewählten Verzeichnisses einsehen oder verändern wollen.
So können Sie hier regeln, wer außer Ihnen einen vollständigen Zugang zu enthaltenen Dateien haben soll.

18.2.2 Einen neuen Ordner erstellen

Mit einem Rechtsklick auf die freie Fläche im Verzeichnis erhalten Sie ein weiteres Aufklappmenü.
Neuer Ordner
Wenn Sie darauf klicken, öffnet sich sofort ein Feld mit einer Leerzeile.
Hier tragen Sie den Namen ein, den Sie für den neuen Ordner vorgesehen haben.

Durch das Betätigen der Return-Taste oder mit dem Button **Erstellen** wird der Ordner daraufhin erzeugt.

Wenn Sie es sich anders überlegen, können Sie diese Aktion auch jederzeit abbrechen. Der entsprechende Button befindet sich auf der linken Seite.

Den soeben erzeugten Ordner können Sie jederzeit wieder löschen oder umbenennen.

18.2.3 Ausblenden der Verzeichnisliste

Mit der Taste [**F9**] können Sie die Verzeichnisliste ein- und ausblenden. So erhalten Sie noch mehr Platz für die eigentlichen Inhalte.

18.2.4 Vergrößern der Symbole

Mit [Strg] + [+] können Sie Symbole für die Ordner vergrößern.

Mit [Strg] + [-] verkleinern Sie die Symbole wieder.

Allerdings sind nur drei Zoom-Stufen vorgesehen.

18.2.5 Lesezeichen erzeugen

Eigene Verzeichnisse wollen Sie möglicherweise in der Verzeichnisliste als Shortcut ablegen.

Dazu dienen **Lesezeichen**.

Erzeugen Sie dazu innerhalb des Ordners **Dokumente** einen neuen Ordner mit dem Namen **Test**.

Ziehen Sie diesen dann mit gedrückter linker Maustaste in die **Verzeichnisliste > Lesezeichen**. Dieser Bereich befindet sich unterhalb des Papierkorbs.

Mit einem Rechtsklick auf diesen Ordner (in der Verzeichnisliste) öffnet sich ein Aufklappmenü, das Ihnen unter anderem anbietet, den Eintrag wieder zu entfernen.

18.2.6 Versteckte Dateien anzeigen

Versteckte Dateien sind Dateien oder auch Ordner, die standardmäßig nicht sichtbar sind.

Das hat den einfachen Grund, dass sie somit vor unbefugtem oder unqualifiziertem Zugriff geschützt sind.

Hier befinden sich wichtige Konfigurationsdaten, die nicht leichtfertig gelöscht werden sollten.

So werden an diesem Ort Ihre persönlichen Einstellungen von verschiedenen Anwendungen gespeichert.

Auch der Thunderbird-Ordner befindet sich hier.

Gekennzeichnet werden diese Verzeichnisse und Dateien mit einem Punkt vor dem Dateinamen.

So sieht der entsprechende Thunderbird-Ordner beispielsweise folgendermaßen aus:

.thunderbird

Wenn Sie aus irgendwelchen Gründen Zugriff zu den versteckten Dateien haben wollen, dann benutzen Sie ein Tastatur-Kürzel.

[Strg] + [H] macht alle unsichtbaren Dateien und Verzeichnisse sichtbar.

19 Einstellungen

Sie finden in der GNOME Oberfläche nicht ganz so viele
Möglichkeiten, Ihr System nach Ihren Wünschen anzupassen
wie bei manchen anderen Desktopumgebungen.

Dennoch warten im Bereich **Einstellungen** verschiedene
interessante Konfigurationsmöglichkeiten.

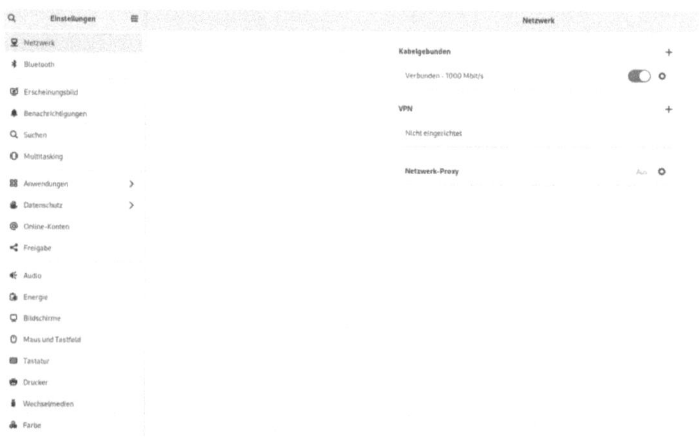

Falls Ihnen das nicht ausreicht, können Sie über das **GNOME-
Tweak-Tool** (GNOME Optimierungen) zahlreiche weitere
sinnvolle Ergänzungen laden.
Wir wenden uns aber zunächst dem Einstellungsmenü zu, das
Sie standardmäßig vorfinden.
Sie gehen dazu in die **Anwendungsübersicht** und drücken
den Button
Einstellungen.

Sie sehen nun die verschiedenen Kategorien, in denen Sie etwas verändern können.

19.1 Netzwerk und Bluetooth

Hier können Sie Ihre entsprechenden Zugänge einrichten und konfigurieren.

Die kabelgebundene Verbindung wird von Debian automatisch bei der Installation erkannt.

Auch das WLAN wird meistens erkannt, jedoch benötigen Sie für den Zugang dann Passwort.

19.2 Erscheinungsbild

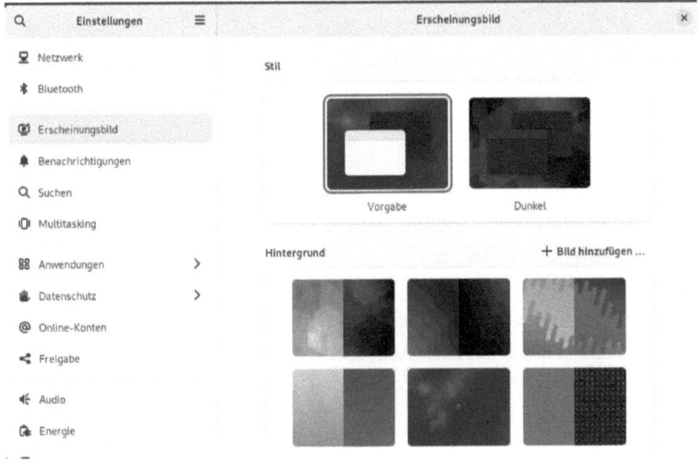

Hier können Sie entweder einen hellen (Vorgabe) oder einen dunklen Stil wählen.
Diese Einstellung wirkt sich auf das Betriebssystem und sämtliche Anwendungen aus.

So sieht der dunkle Stil aus:

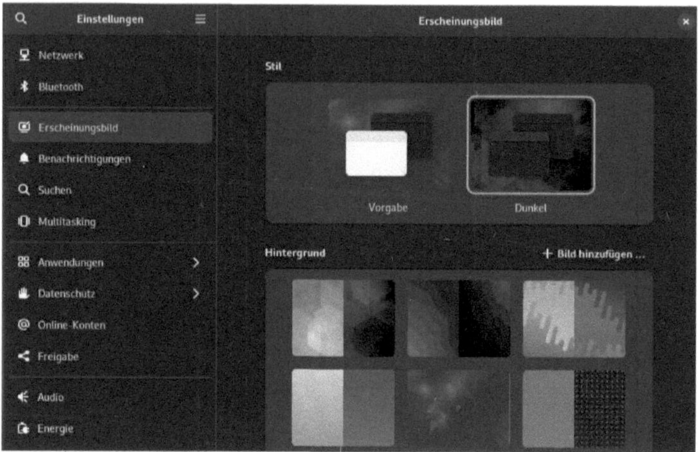

Darüber hinaus können Sie einen Hintergrund für die Schreibtischoberfläche auswählen. Sie sehen eine Auswahl mit verschiedenen Hintergrundbildern, die Sie durch einen einfachen Klick anwählen können.

Über **Bild hinzufügen** können Sie aber auch eigene Fotos einbinden.
Um eine ideale Darstellung zu erhalten, sollten Sie darauf achten, dass Ihr Bild im Format der Auflösung Ihres Monitors geschnitten ist, da es sonst zu unscharfen Darstellungen oder Verzerrungen kommen kann.

19.3 Benachrichtigungen

Sie werden von Ihrem System standardmäßig mit aktuellen Informationen aller Art versorgt.
Eine der wichtigsten dieser Benachrichtigungen ist der Hinweis darauf, dass System-Updates zur Verfügung stehen.

Sie können diese **Benachrichtigungen** jedoch auch gänzlich abschalten.

Im entsprechenden Menü sehen Sie oben zwei Schiebeschalter. Der obere bezieht sich auf Benachrichtigungen im laufenden System, der untere auf solche, die auf dem Sperrbildschirm erscheinen.

Darüber hinaus können Sie aber auch für verschiedene Anwendungen die Benachrichtigungsfunktion detailliert konfigurieren.
Klicken Sie dazu bei einer der unten aufgeführten Anwendungen auf den AN-Schalter.
Es öffnet sich ein neues Fenster, das verschiedene Möglichkeiten auflistet.
So lassen sich beispielsweise Klanghinweise auf die Benachrichtigungen ein- oder ausschalten.

Wenn Sie lediglich über Systemupdates informiert werden möchten, dann schalten Sie einfach alle anderen Anwendungen auf AUS und die
Aktualisierungsverwaltung auf AN.

19.4 Suchen

Debian 12 besitzt eine mächtige Suchfunktion. Sie erreichen diese über **Aktivitäten**.

In den Einstellungen können Sie festlegen, in welchen Bereichen Debian suchen soll, wenn Sie eine Anfrage in der Suchzeile starten.

Alle möglichen Einzelrubriken sind hier aufgeführt und jeweils mit einem An/Aus-Schiebeschalter versehen.

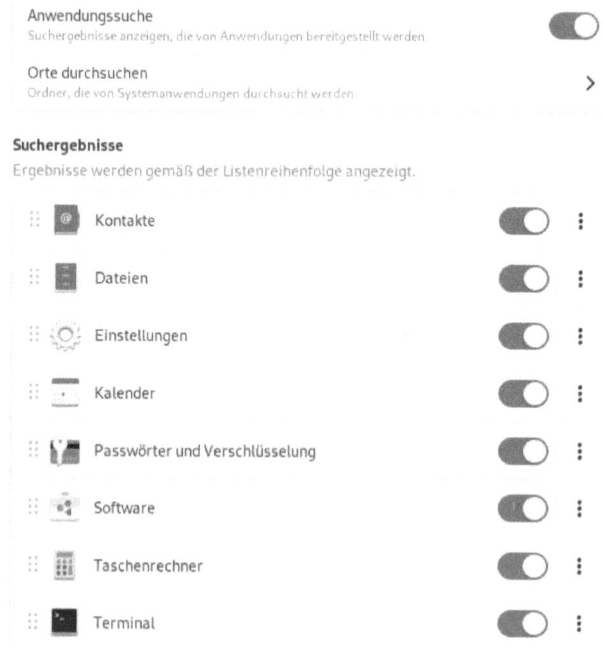

19.5 Online-Konten

Das Verbinden mit verschiedenen **Online-Konten** ist unter Debian kein Problem.

Dazu verbinden Sie sich ganz einfach über die Eingabe Ihrer Zugangsdaten mit dem gewählten Online-Dienst.

Verschiedene Dienste wie etwa Nextcloud oder auch Facebook stehen zur Auswahl.

19.6 Datenschutz

Die Einstellungen umfassen unter anderem folgende Punkte:

- **Bildschirmsperre**

  Sie können den Bildschirm, solange Sie nicht anwesend sind, automatisch sperren lassen. Dies regeln Sie durch den entsprechenden Schiebeschalter. Darüber hinaus können Sie auch bestimmen, ab welcher Zeit der Inaktivität der Bildschirm abgeschaltet wird.

- **Ortungsdienste**

  Diese Dienste ermöglichen es Anwendungen, Ihre geografische Position zu erkennen. Allerdings müssen Sie diese Funktion ausdrücklich erlauben. Der entsprechende Schalter ist zum Schutz der Privatsphäre standardmäßig auf AUS!

- **Dateichronik**

  Hier können Sie festlegen, ob der Verlauf Ihrer zuletzt verwendeten Dateien gespeichert werden soll bzw. für wie lange.

  In diesem Fall ist die Voreinstellung AN.

Im Netzwerk wird diese Information niemals freigege-
ben.

- **Papierkorb und temporäre Dateien leeren**

  Mit dieser Funktion können Sie den Papierkorb automatisch leeren und auch die temporären Dateien löschen.

  Sie können eine bestimmte Zeitspanne bestimmen, wann
  das geschehen soll.

  Die Auswahl im Aufklappmenü reicht von 1 Stunde bis
  zu 30 Tagen.

19.7 Freigabe

Mit dieser Funktion erlauben Sie entfernten Nutzern Ansicht
und Steuerung Ihres Bildschirms.

Das kann sinnvoll sein, wenn Sie Ihren Rechner warten lassen.
In der Regel steht der Schalter aber auf AUS.

19.8 Audio

Hier befindet sich das Zentrum für Ihre Audio-Konfiguration.

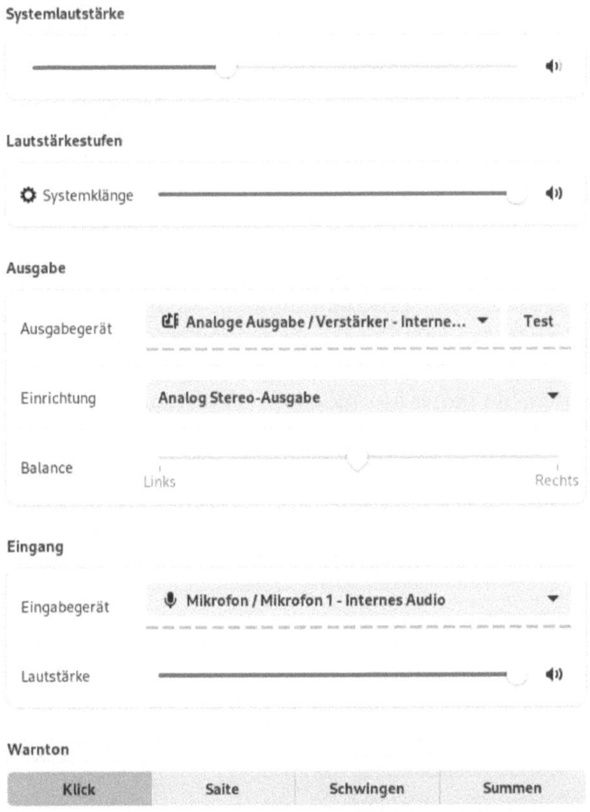

Ganz oben finden Sie **den Fader für die** Wiedergabelautstärke Ihrer Audioanwendungen.

Dies betrifft die Gesamtlautstärke.
Regeln Sie zu leise Signale vorzugsweise in der jeweiligen Anwendung.

Unter **Ausgabe** legen Sie die Ausgangszuweisung fest. Das kann ein interner Klangerzeuger sein, aber auch ein externes Gerät, das Sie über eine Buchse verbunden haben.
Debian erkennt in der Regel, welche Möglichkeiten sich bei Ihnen anbieten.

Unter **Eingang** legen Sie den Eingangskanal für eine mögliche Audioaufnahme fest.
Dies trifft beispielsweise dann zu, wenn Sie über ein angeschlossenes Mikrofon Sprachaufnahmen machen wollen.
Wenn Ihr Mikrofon richtig erkannt worden ist, regeln Sie die **Aufnahmelautstärke** mithilfe der Anzeige **Aufnahmepegel**. Achten Sie dabei auf mögliche Verzerrungen.

Den **Warnton** können Sie ein- und ausschalten und über Systemklänge auch in der Lautstärke regeln.

Sie sind als Unterstützung bei Benachrichtigungen vorgesehen.
Sie haben die Wahl zwischen vier verschiedenen Klängen.
Klick
Saite
Schwingen
Summen

Noch genauer lässt sich der Klang mit dem optionalen Programm **pavucontrol** kontrollieren.

Sie installieren diese Anwendung mit

```
apt install pavucontrol
```

Sie finden die Anwendung nach der Installation unter dem Namen

PulseAudio-Lautstärkeregler.

Aber auch der Suchbegriff **pavucontrol** führt zu dieser Anwendung.

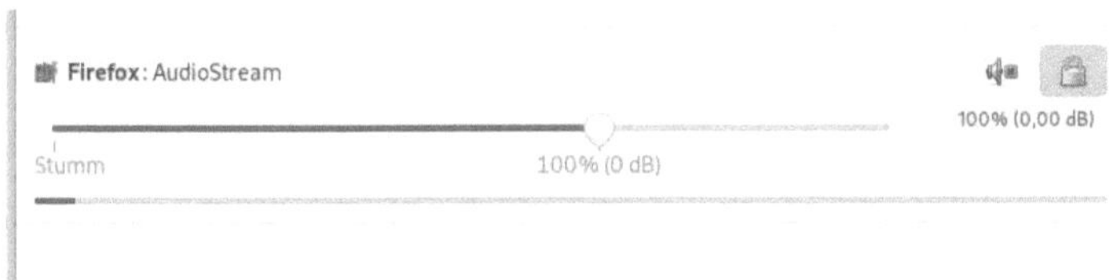

Im Beispiel wird die Lautstärke für den Audioausgang von **Firefox (AudioStream)** geregelt.
Die Einstellung wird abgespeichert.

19.9 Energie

Der **Sperrbildschirm** wird nach einer vordefinierten Zeit der Untätigkeit aktiviert, um Energie zu sparen.

Selbstverständlich können Sie diese Zeitspanne auch verändern.
Klicken Sie dazu auf den Button
Energie,
den Sie weiter unten auf der linken Seite finden.

Das Auswahlmenü neben

Bildschirm abschalten

bietet Ihnen die Möglichkeit festzulegen, ab wann der Sperrbildschirm aktiviert werden soll.

Sie können diese Funktion auch ausschalten, indem Sie an dieser Stelle **Nie**
wählen.

19.10 Bildschirme

Auflösung:

Debian erkennt die **Auflösung** Ihres Monitors in der Regel automatisch.

Sie können diese aber jederzeit ändern.

Skalieren ermöglicht die Vergrößerung des dargestellten Bildschirminhalts. Sie können wählen zwischen 100 % (Standard) und 200 %.

Nachtmodus stellt den Bildschirm in wärmeren Farben dar. Dies dient dazu, die Augen zu schonen.

- **Manuell**: Sie können eine individuelle Uhrzeit einstellen, ab wann das geschehen soll und für wie lange.

- **Von Sonnenuntergang bis Sonnenaufgang**: Der Nachtmodus wird durch die von Ihnen gewählte Zeitzone automatisch geregelt.

19.11 Maus und Tastfeld

Hier können Sie einige grundsätzliche Einstellungen verändern, die Ihre Maus betreffen.

19.11.1 Allgemein

Primäre Taste: Linkshänder können hier die rechte und die linke Maustaste vertauschen.

19.11.2 Maus

Mausgeschwindigkeit:
Sie können hier die Mausgeschwindigkeit mit einem Schieberegler auf Ihre Bedürfnisse anpassen.

Natürlicher Bildlauf: Hiermit verändern Sie den Bildlauf beim Scrollen mit dem mittleren Rad der Maus.

Die bisherige Richtung wird umgekehrt, wenn Sie den Schieberegler auf AN stellen.

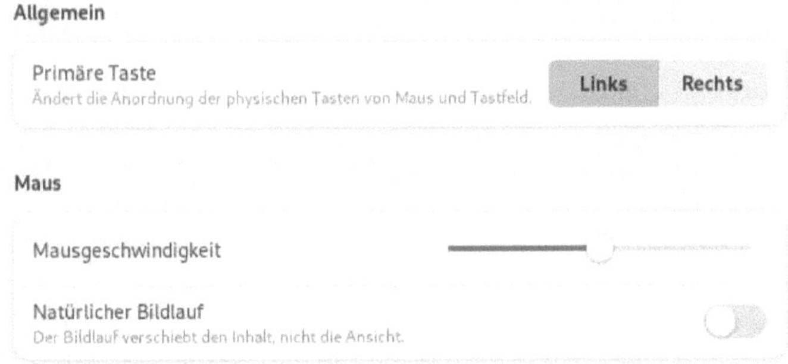

19.12 Tastatur

In diesem Menü finden Sie die vordefinierten Tastaturbelegungen.

Viele Aktionen können Sie nicht nur mit der Maus erledigen, sondern auch durch bestimmte Tastenkombinationen.
Ein Beispiel soll dies verdeutlichen.
Scrollen Sie dazu in der Auswahlliste ein bisschen nach unten.
Fenster maximieren:

[Super] + [Pfeil hoch]

Das bedeutet, dass Sie diese zwei Tasten **gleichzeitig** drücken müssen, um das gerade geöffnete und aktive Fenster zu maximieren.

[Super] Windows-Taste
[Pfeil hoch] Pfeiltaste hoch

Wollen Sie das Fenster wieder auf die ursprüngliche Größe zurücksetzen, so drücken Sie

[Super] + [Pfeil runter]

Sie können für jede Aktion auch eine eigene Tastenkombination definieren.
Dazu genügt ein Doppelklick auf die gewünschte Aktion.
Daraufhin werden Sie aufgefordert, die gewünschte Tastenkombination zu drücken.
Durch **Festlegen** bestätigen Sie die getroffene Auswahl.

19.13 Drucker

Wenn Sie einen Drucker hinzufügen möchten, so drücken Sie auf den Knopf **Einen Drucker hinzufügen** und achten darauf, dass der Drucker angeschlossen und eingeschaltet ist.

Um den passenden Druckertreiber zu aktivieren, müssen Sie zuerst den Zugang entsperren.
Geben Sie Ihr Passwort ein, nachdem Sie den Knopf **Entsperren** angeklickt haben.

Debian führt Sie dann durch die notwendigen Schritte.

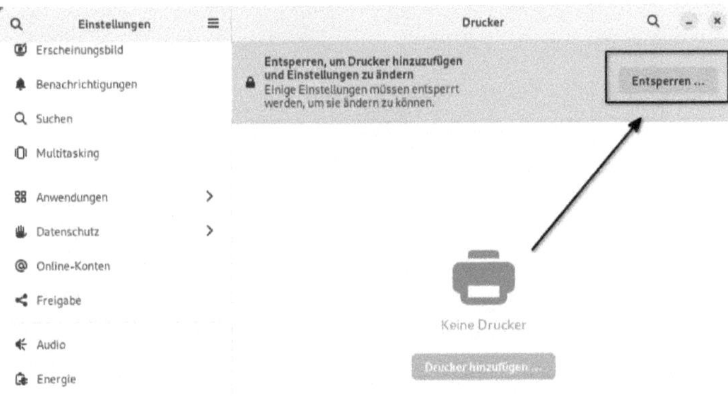

Sollte der Button **Einen Drucker hinzufügen** nicht sichtbar sein, müssen Sie zunächst die Druckerverwaltung **CUPS** und die Druckertreiber installieren.

```
sudo apt install cups
```

```
sudo apt install printer-driver-all
```

19.14 Wechselmedien

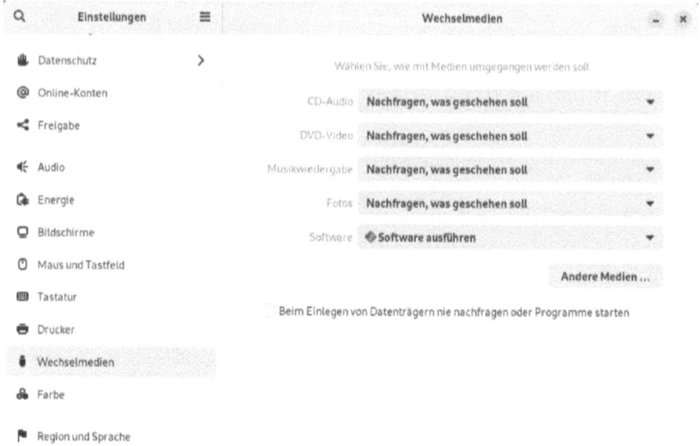

Dieses Menü gibt Ihnen die Möglichkeit, für verschiedene
Wechselmedien festzulegen, was beim Einlegen passieren soll.
Voreingestellt ist **Nachfragen, was geschehen soll.**
Wahrscheinlich möchten Sie jedoch, dass beispielsweise ei-
ne eingelegte Audio-CD immer mit dem selben Programm
gestartet und abgespielt wird.
Die von Ihnen bevorzugte Anwendung können Sie hier aus-
wählen.
Debian macht Ihnen Vorschläge, welches installierte Pro-
gramm möglicherweise für das gewählte Medium geeignet
sein könnte.
Sie können aber eine **Andere Anwendung** wählen.

Neben den hier aufgeführten Medien finden Sie unter **Andere
Medien** noch weitere Auswahlmöglichkeiten.

So können Sie die entsprechenden Programme auch für Blue-Ray-Medien oder E-Book-Reader festlegen.

19.15 Region und Sprache

Normalerweise werden die Spracheinstellungen bereits während der Installation nach Ihren Vorgaben eingerichtet.
So sollte das Betriebssystem in deutscher Sprache erscheinen und die Tastatur-Konfiguration auf deutsche Modelle ausgelegt sein.

Möchten Sie das ändern, so können Sie das dennoch jederzeit in diesem Menü tun.
Sie befinden sich nun erneut im **Einstellungen** Menü.

19.16 Barrierefreiheit

Das Menü zur Barrierefreiheit können Sie sich jederzeit in der oberen Leiste anzeigen lassen.

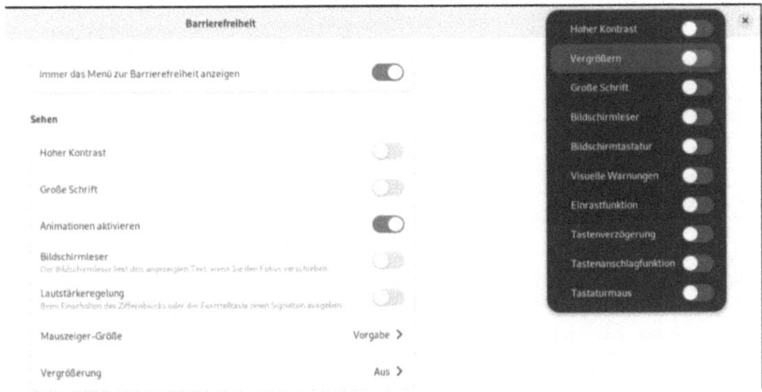

Dazu schieben Sie den Schalter auf AN.
Daraufhin erscheint in der Leiste ein kleines Symbol (Männchen), das wiederum ein Menü öffnet, das die wichtigsten Konfigurationsmöglichkeiten bereit hält.

Im Konfigurationsmenü bei den Einstellungen werden die möglichen Anpassungen unter verschiedenen Kategorien zusammengefasst.

- Sehen

- Gehör

- Texteingabe

- Zeigen und Klicken

Hier kann man beispielsweise einen höheren Kontrast einstellen oder auch die Größe des Mauscursors verändern.
Die Texteingabe lässt sich auch mit einer Bildschirmtastatur erledigen und mit AccessX steht ein umfangreicher Tippassistent zur Verfügung.

Die Einbindung der Zugangshilfen ist in Debian 12 vorbildlich gelöst.

19.17 Benutzer

In diesem Bereich können Sie alle persönlichen Angaben, die Sie bei der Installation gemacht haben, ändern.

Sie können hier

- **den Benutzernamen ändern**

    Dazu genügt es, den neuen gewünschten Namen in die dafür vorgesehene Zeile einzutragen.

- **das Passwort verändern**

  Klicken Sie auf die Zeile mit dem bisherigen Passwort!

  Ein neues Fenster öffnet sich.

  Hier müssen Sie zunächst das aktuelle Passwort eingeben. In der nächsten Zeile geben Sie das neue Passwort ein.

  Debian gibt Ihnen Hinweise, wie Sie ein möglichst sicheres Passwort erstellen können.

  Bestätigen Sie das neue Passwort in der Zeile **Neues Passwort bestätigen**!

  Mit **Ändern** führen Sie die Änderung des Passworts endgültig aus. Mit **Abbrechen** können Sie die Aktion jederzeit beenden.

- **ein Bild hochladen**

  Debian bietet eine Auswahl an Bildern an, Sie können jedoch auch ein eigenes Bild hochladen.

  Dieses Bild kann beispielsweise bei jeder Anmeldung auf dem Anmeldebildschirm gezeigt werden.

- **die automatische Anmeldung aktivieren**

  Der Schiebeschalter ist so eingestellt, wie Sie es bei der Installation ausgewählt haben.

19.18 Vorgabeanwendungen

An dieser Stelle legen Sie fest, welche installierten Anwendungen bestimmte Aufgaben standardmäßig übernehmen sollen. Wenn Sie mehrere Webbrowser installieren, können Sie hier festlegen, welcher gestartet wird, wenn Sie einen Link von außerhalb (z. B. Link in E-Mail) öffnen.

Genauso verhält es sich mit den anderen Vorgabeanwendungen.

Diese Voreinstellungen sind vor allem dann wichtig, wenn Sie mehrere verschiedene Anwendungen installiert haben, die alle dieselbe oder eine ähnliche Funktion erfüllen.

Ein Klick auf ein Foto öffnet automatisch das von Ihnen hier eingestellte Programm.

Dabei kann es sich um einen reinen Bildbetrachter handeln oder auch um ein Bildbearbeitungsprogramm wie GIMP.

Je nachdem, ob Sie Bilder in der Regel lediglich betrachten oder gleich bearbeiten wollen, treffen Sie hier die entsprechende Auswahl.

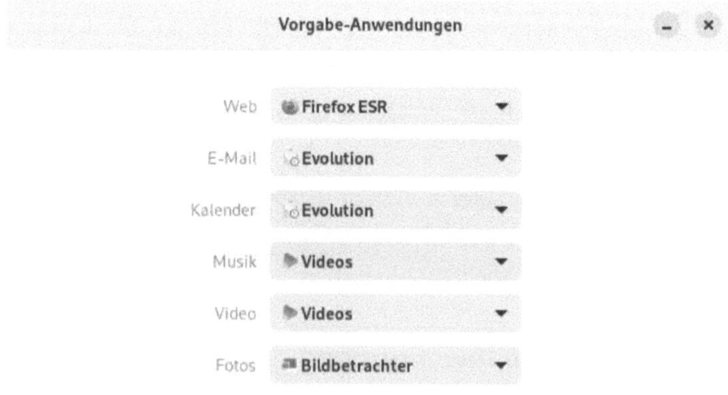

19.19 Datum und Zeit

Normalerweise werden das Datum und auch die Uhrzeit automatisch gemäß der von Ihnen gewählten Zeitzone vom System ermittelt.

Die **Zeitzone** wurde bereits bei der Installation festgelegt. (Europa > Berlin)

Der Schiebeschalter für die automatische Ermittlung der Zeitzone ist auf AUS, weil dafür die Ermittlung Ihres aktuellen Standorts über das Internet notwendig wäre.
Zum Schutz Ihrer Privatsphäre sollten Sie diesen Schalter immer in dieser Stellung belassen.

Sie können die Voreinstellungen jederzeit manuell ändern.
Dies kann notwendig werden, wenn Sie sich beispielsweise in einer anderen Zeitzone befinden, jedoch keinen Zugang zum Internet haben.
Außerdem können Sie das **Zeitformat** vom 24-Stunden-Zyklus auf 12 Stunden (AM/PM) umstellen.

19.20 Info

Hier finden Sie allgemeine Informationen über

- den von Ihnen gewählten Rechnernamen

- den installierten Arbeitsspeicher

- den Prozessor Ihres Computers

- die GNOME-Version

- den Typ des Betriebssystems

20 GNOME-Optimierung

Durch eine Anwendung, die im Software-Center verfügbar ist, können Sie Ihr System noch wesentlich umfassender konfigurieren als mit den bisher gezeigten Möglichkeiten.

Öffnen Sie dazu **Software** und geben Sie in das Suchfeld **Optimierungen** ein. Diese Anwendung wird auch GNOME-Tweak-Tool genannt und ermöglicht das Anpassen fortgeschrittener GNOME-Einstellungen.

Im nächsten Schritt installieren Sie dieses Programm. Wenn der Installationsvorgang beendet ist, finden Sie es sofort im Anwendungsmenü.

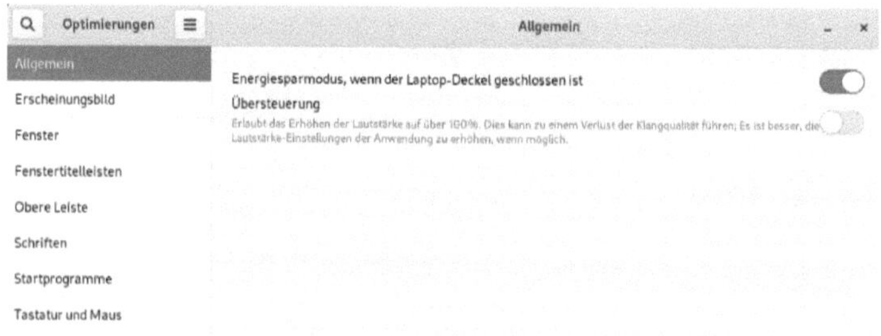

Optimierungen ist ähnlich aufgebaut wie **Einstellungen**.

Auf der linken Seite finden Sie verschiedene Kategorien, auf der rechten Seite im Hauptfenster die dazugehörigen Konfigurationsmöglichkeiten.

20.1 Erscheinungsbild

Hier kann man das **Erscheinungsbild** der gesamten Distribution verändern.

Merken Sie sich deshalb unbedingt, wie die Voreinstellungen waren, damit Sie auch jederzeit wieder zum Ausgangszustand zurückfinden, falls Ihnen eine Konfiguration doch nicht zusagt.

Neben dem Schiebeschalter, mit dem Sie Animationen ein- oder ausschalten können, finden Sie hier auch die Möglichkeit, verschiedene systemübergreifende Themen zu verändern.

20.1.1 Themen

Zur Auswahl stehen hier alle auf Ihrem System installierten **Themen**.
Sie können jedoch zahlreiche weitere Themen nachinstallieren.
Dies machen Sie am besten mit dem **Synaptic** Paket-Manager.

Wie bereits erwähnt, wirkt sich der Wechsel zu einem anderen Thema auf das ganze System aus.
Wählen Sie beispielsweise ein dunkles Thema (Adwaita Dark), so werden sämtliche Hintergründe dunkel dargestellt.

Aber auch der Fensterrahmen wird entsprechend verändert.

Das betrifft den Dateimanager, die Konfigurationsmenüs aber auch sämtliche Anwendungen.
Das allgemeine Erscheinungsbild verändern Sie über die Themenauswahl in **Anwendungen**.
Darüber hinaus können Sie einen anderen Mauszeiger auswählen und auch die Symbole austauschen.

Zusätzliche **Symbole** (Icons) können Sie jederzeit nachinstallieren.

Dazu verwenden Sie am besten den **Synaptic** PaketManager. Suchen Sie nach **Icon-theme!**

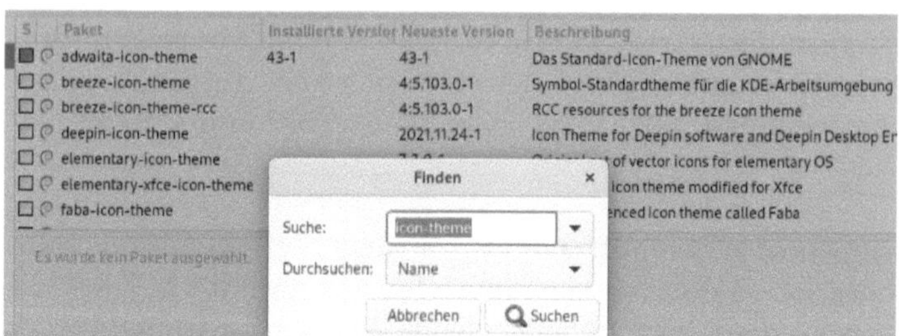

Es werden alle Icon-Themes angezeigt, die Sie aus den Paketquellen installieren können.

Darüber hinaus gibt es inoffizielle Pakete, die Sie im Internet finden.

https://www.gnome-look.org/

Auch hier ist es ratsam, sehr sorgfältig auf die Quelle zu achten.

20.2 Fenster

Hier können Sie das Verhalten der Fenster an Ihre Bedürfnisse anpassen.

20.2.1 Fensterfokus

Die Konfiguration von Fensterfokus bestimmt,

- ob ein Fenster durch Anklicken mit der Maus aktiviert werden soll (Klicken zum Fokussieren)

- ob ein Fenster durch Überfahren mit dem Mauszeiger aktiviert werden soll (Gleitend)

- ob ein Fenster durch Überfahren mit dem Mauszeiger aktiviert werden soll und den Fokus wieder verliert, wenn der Zeiger über die Arbeitsfläche fährt. (Kontextklick)

20.2.2 Aktionen der Titelleiste

Aktionen der Titelleiste legt fest, was passieren soll, wenn Sie einen Doppelklick, einen Mittelklick oder einen Kontextklick (rechte Maustaste) mit Ihrer Maus auf der Titelleiste ausführen.

So kann ein Doppelklick beispielsweise bewirken,

- dass das Fenster auf Bildschirmgröße maximiert wird (toggle **maximize**)

- dass das Fenster minimiert wird und somit vom Schreibtisch verschwindet. (**minimize**)

20.2.3 Knöpfe der Titelleiste

Sollte es Ihnen nicht gefallen, dass sich die Knöpfe der Titelleiste zum Schließen, Minimieren und Maximieren auf der rechten Seite befinden, so können Sie diese über **Platzierung** mittels Auswahlbutton (Links/Rechts) auf die linke Seite verschieben.

Darüber hinaus können Sie sowohl den Maximieren- als auch den Minimierenknopf zur Leiste hinzufügen, in dem Sie den entsprechenden Schiebeschalter jeweils nach rechts schieben.

Diese beiden Knöpfe werden standardmäßig in GNOME nicht angezeigt.

20.3 Obere Leiste

Hier können Sie einige Zusatzfunktionen für die Leiste aktivieren oder auch deaktivieren.
Die einzelnen Aktionen werden erneut über Schiebeschalter gesteuert.
Das Anwendungsmenü, das in der oberen Leiste die gerade geöffnete Anwendung zeigt, kann ausgeblendet werden.

Falls Sie Ihren Computer mit einem Akku betreiben, können Sie den noch zur Verfügung stehenden Prozentsatz der Akkuladung anzeigen lassen.

Zusätzlich zur Uhrzeit in der Mitte der Leiste können Sie sich auch noch das Datum anzeigen lassen.

20.4 Schriften

Wenn Ihnen die verwendeten Schriftarten und die eingestellte Größe nicht zusagen, können Sie hier umfangreiche Änderungen vornehmen.

Für die Fonts der **Fenstertitel** ist voreingestellt:

Cantarell Bold Schriftart

12 Größe der Schrift

Merken Sie sich die Voreinstellungen und probieren Sie in diesem Menü solange verschiedene Möglichkeiten durch, bis Ihnen die getroffene Auswahl gefällt.

Änderungen bestätigen Sie mit dem Button **Auswählen**.

Hinting und **Kantenglättung** sollten Sie in der Regel nicht verändern, da hier meist optimale Werte eingestellt sind.

Ein mächtiges Werkzeug ist der **Skalierungsfaktor**.

Voreingestellt ist der Wert **1**.

Sie können die Gesamtdarstellung des Bildschirminhalts durch Verändern dieses Wertes sowohl vergrößern als auch verkleinern.

Somit ist auf schnellem Weg eine Anpassung an Ihren Monitor und Ihre Sehgewohnheiten möglich.

20.5 Startprogramme

Legen Sie hier fest, welche Anwendungen automatisch bei jedem Systemstart ausgeführt werden sollen.
Durch das Drücken der **Plustaste** (+) werden Ihnen alle Programme gezeigt, die für einen automatischen Start ausgewählt werden können.
Wählen Sie hier beispielsweise **Firefox ESR** aus (**Hinzufügen**), so wird der Browser in Zukunft automatisch nach jeder Anmeldung gestartet.
Durch das Drücken des Buttons **Entfernen** wird diese Aktion wieder rückgängig gemacht.

20.6 Tastatur und Maus

Hier können Sie einige sehr spezielle Konfigurationen für das Verhalten von Maus und Tastatur festlegen.
Dazu zählt auch die Konfiguration eines Tastfeldes.

21 Erweiterungen

Über die Anwendung **Erweiterungen** erhalten Sie eine Übersicht, welche sogenannten **Extensions** installiert und welche davon aktiviert sind.
Der Schiebeschalter zeigt Ihnen den aktuellen Status an.

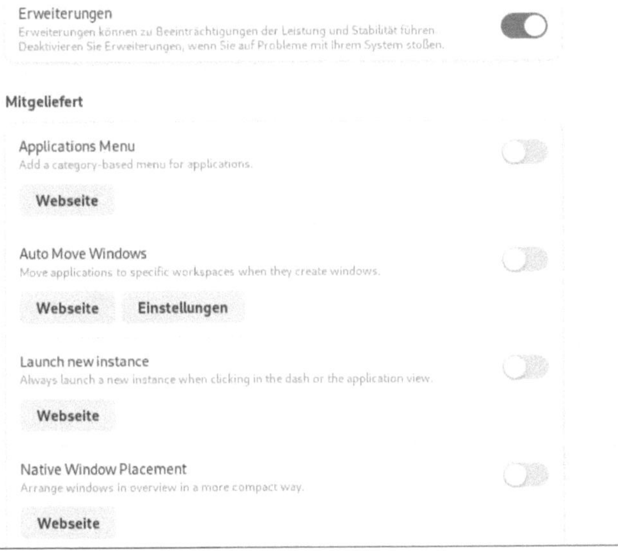

Gnome Extensions sind **Erweiterungen**, die Ihr System mit weiteren Funktionen ausstatten.
Sie können selbst entscheiden, ob Sie die angebotenen Funktionen brauchen oder nicht.
Allerdings finden Sie nur einige wenige ausgewählte Erweiterungen im installierten System.

Eine größere Auswahl erhalten Sie mit dem **Erweiterungs-Manager.**
Diese Anwendung müssen Sie nachinstallieren.
Hier finden Sie eine komfortable Suchfunktion, die keine Wünsche offen lässt.

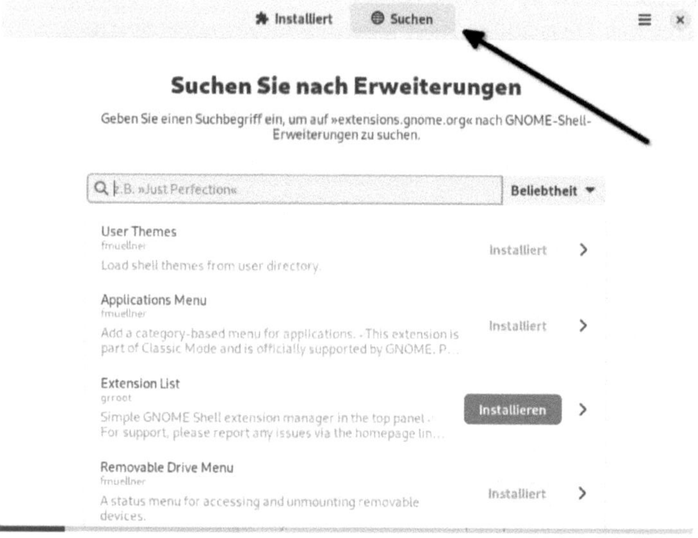

GNOME-Erweiterungen finden Sie auch auf der Extensions-Internet-Seite von GNOME.

https://extensions.gnome.org

Hier finden Sie eine riesige Auswahl. Bedenken Sie jedoch, dass es sich dabei um Fremdsoftware handelt.
Eine ordnungsgemäße Einbindung ins System ist zwar meist gegeben, jedoch bleibt eine gewisse Unsicherheit, was bei

Updates passiert.

Um Erweiterungen herunterzuladen, gibt es mehrere Wege.

21.1 Methode 1

Sie können die Extensions direkt von der Webseite herunterladen.
Dazu sind aber einige zusätzliche Schritte notwendig.
Zunächst müssen Sie in Ihren Browser das Add-on **GNOME Shell-Integration** einbinden.

Bei Firefox klicken Sie dazu rechts oben auf den Button mit den drei Strichen.
Im Menü finden Sie den Punkt **Add-ons**.
Klicken Sie auch diesen an.

In den **Erweiterungen** können Sie nach dem Add-on suchen und es installieren.
Nach erfolgreicher Aktivierung finden Sie das Add-on (Gnome-Logo) rechts oben in der Firefox Leiste.
Sie können nun direkt vom Browser aus Erweiterungen auswählen, installieren, aktivieren und auch konfigurieren.

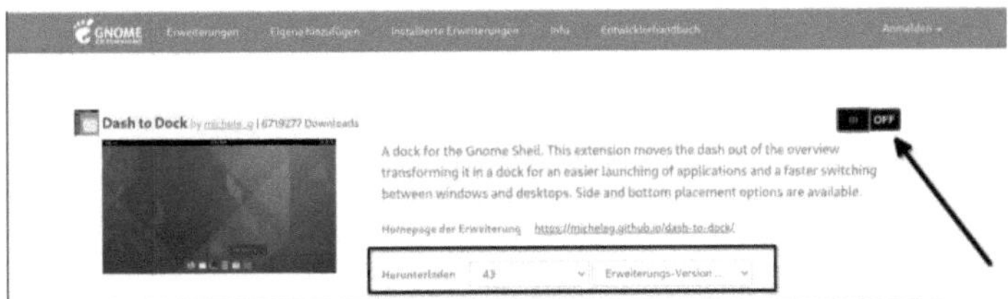

Suchen Sie nun nach Erweiterungen, die für Sie in Frage kommen.

Achten Sie darauf, dass die Version der Erweiterung der Ihrer Version von GNOME entspricht. Debian 12 wird mit GNOME 43.4 ausgeliefert.

Aber auch im System selbst müssen Sie Vorbereitungen treffen.

Im Terminal installieren Sie mit dem Befehl

```
sudo apt install chrome-gnome-shell
```

ein zusätzliches kleines Programm, das das direkte Downloaden von der Webseite aus ermöglicht.

21.2 Methode 2

Sie wählen auf der Webseite die gewünschte Erweiterung aus, merken sich den entsprechenden Namen und suchen diese dann im **Erweiterungs-Manager**.

Auch in diesem Fall wird das Programm von der Internetseite geladen und installiert. Sie sparen sich aber die Schritte, die notwendig sind, um direkt aus dem Browser heraus zu installieren.

Bedenken Sie aber, dass nicht alle Erweiterungen in den offiziellen Paketquellen von Debian enthalten sind.

Von daher übernimmt Debian auch keine Gewähr für das reibungslose Funktionieren. Gehen Sie daher sparsam mit dem Einsatz dieser Zusatzsoftware um.

Es kommt vor, dass die Entwicklung von Erweiterungen nicht mehr fortgesetzt wird. Darauf wird in der Regel in der Beschreibung hingewiesen.

21.3 Sinnvolle Beispiele

21.3.1 Dash to Dock

Standardmäßig sehen Sie das Dock nur, wenn Sie
Aktivitäten öffnen.
Die Erweiterung **Dash to Dock** zeigt das Dock standard-
mäßig auf der Startoberfläche.

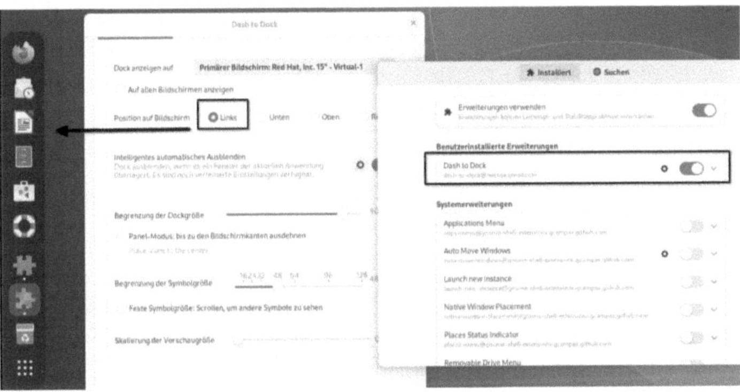

Sie finden hier einen Schiebeschalter, der standardmäßig auf
Aus gestellt ist. Sie aktivieren **Dash to Dock**, indem Sie
den Schalter nach rechts schieben.

Über das Zahnradsymbol (links vom Schalter) öffnen Sie ein
neues Fenster mit vielen Konfigurationsmöglichkeiten.

Position auf Bildschirm
Möglicherweise gefällt es Ihnen nicht, dass das Dock am
unteren Rand Ihres Bildschirms zu finden ist und waagrecht
dargestellt wird.
Sie können diese Voreinstellung an dieser Stelle verändern.

Das Dock lässt sich auch links, rechts oder auch oben platzieren.

Intelligentes automatisches Ausblenden

Das Dock bleibt standardmäßig immer sichtbar, auch wenn Sie Fenster vollflächig öffnen.

Wenn Sie diese Funktion auf AN stellen, wird das Dock immer dann ausgeblendet, wenn sich Fenster mit ihm überschneiden.

Das bedeutet, dass ein maximiertes Fenster in diesem Fall den ganzen Bildschirm ausfüllt.

Schließen Sie hingegen das Fenster wieder, dann erscheint das Dock wieder.

Begrenzung der Symbolgröße

Mit einem Schieberegler können Sie nun die Größe der Symbole des Docks entsprechend Ihren Wünschen anpassen. Die Standardeinstellung ist 48 Pixel. Je weniger Pixel Sie wählen, umso kleiner werden die Symbole dargestellt.

Die Veränderung betrifft aber nicht nur die Symbole selbst. Die Breite des Docks wird ebenfalls automatisch angepasst.

21.3.2 Applications Menu

Falls Sie ein traditionelles Anwendungsmenü bevorzugen, dann ist die Erweiterung **Applications menu** möglicherweise eine passende Ergänzung.

Aktivitäten wird ersetzt durch **Anwendungen**.

Die Anwendungen sind hier nach Kategorien geordnet.

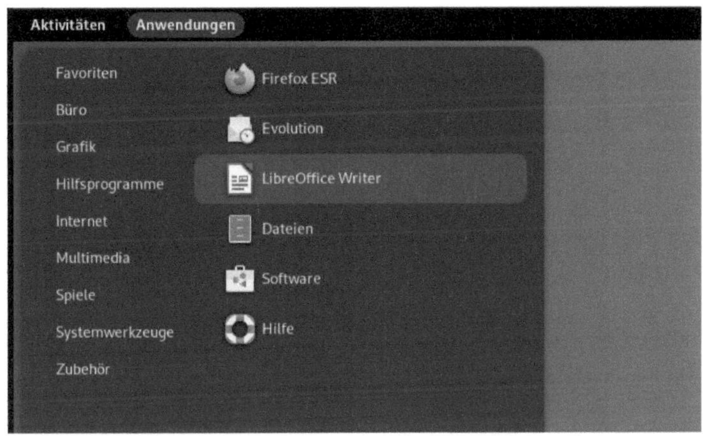

21.3.3 Dash to Panel

Durch die Erweiterung **Dash to Panel** ist es möglich, eine Leiste hinzuzufügen.
Diese kann unten, oben, links oder auch rechts platziert werden.
Zahlreiche Konfigurationsmöglichkeiten lassen individuelle Einstellungen zu.

- Automatisches Ausblenden

- Höhe der Leiste

- Größe der Symbole

- Favoriten anzeigen

- Geöffnete Programme anzeigen

- Transparente Leiste

- Aktivitäten Button anzeigen

- Schreibtisch Button anzeigen

- Monitorzuweisung

- Animationseffekte

Im Beispiel ist zudem **Applications Menu** aktiv. (Links unten)

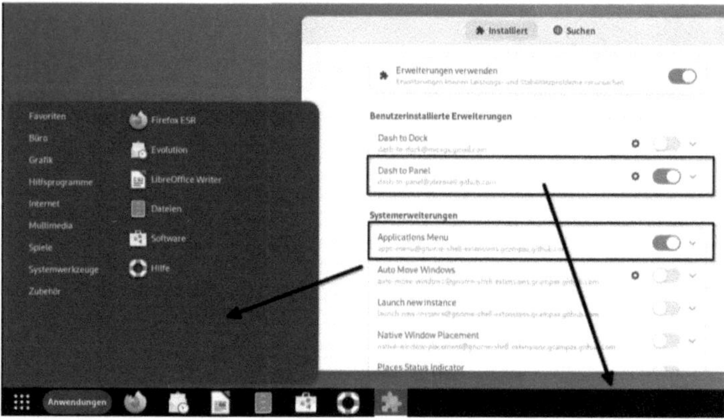

22 Synchronisation mit dem Smartphone

Für Nutzer der Desktopumgebung GNOME gibt es mit **GS-Connect** eine Erweiterung, die WLAN-Android-Geräte an den Desktop anbindet.

GSConnect ist eine Portierung von KDE-Connect, das für den KDE-Plasma-Desktop entwickelt wurde.

Sollten Sie also bei der Installation Plasma gewählt haben, so können Sie KDE-Connect verwenden.

Sie installieren GSConnect bequem über den **Erweiterungs-Manager**.

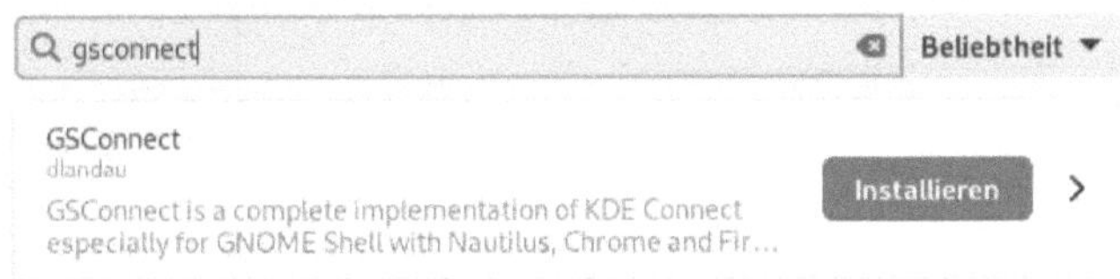

Aktivieren Sie nach erfolgter Installation **GSConnect** in **Erweiterungen**.
Auf Ihrem Smartphone benötigen Sie zur Kontaktaufnahme die **KDE-Connect-App**, die Sie über **Google Play** finden.

23 Nützliche Programme

23.1 Büroprogramme

23.1.1 Libre Office

Writer ist ein Textverarbeitungsprogramm. Es ist vergleichbar mit Microsoft Word.

Genau wie beim Konkurrenzprodukt können Sie damit jede Art von Textdokumenten anfertigen.

Serienbriefe gelingen damit genauso gut wie längere Texte mit ausgeklügelten Formatierungen.

Standardmäßig werden die gewohnten Schriftarten **Arial** und **Times New Roman** nicht ausgeliefert.

Diese kann man aber nach einer Bestätigung der Lizenzvereinbarung nachinstallieren.

```
apt install ttf-mscorefonts-installer
```

Writer kann Dateien im Word-Format (.doc und .docx) importieren und exportieren.

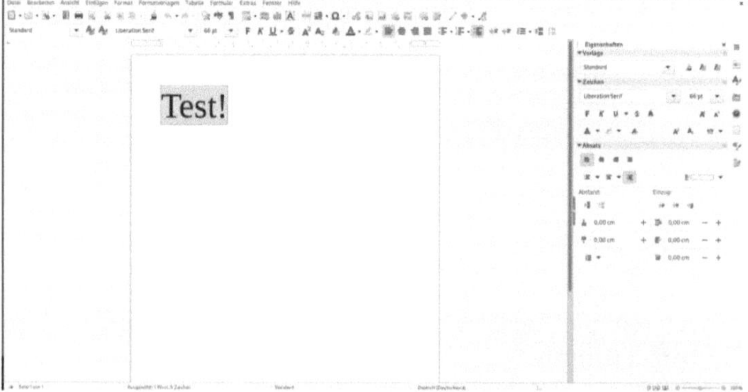

Calc ist eine Tabellenkalkulation.
Es ist vergleichbar mit **Microsoft Excel**.

Man kann damit alle Arten von Berechnungen durchführen.

So lassen sich Haushaltsbücher, Finanzplanungen und sonstige Kalkulationen für den privaten Haushalt erstellen.

Auch für kleinere und mittlere Betriebe könnte **Calc** eine Alternative zu Excel darstellen.

Dateien im Excel-Format (.xls und .xlsx) lassen sich sowohl importieren als auch exportieren.

Allerdings kann es dabei in manchen Fällen im direkten Austausch mit Excel zu Formatierungsproblemen kommen.

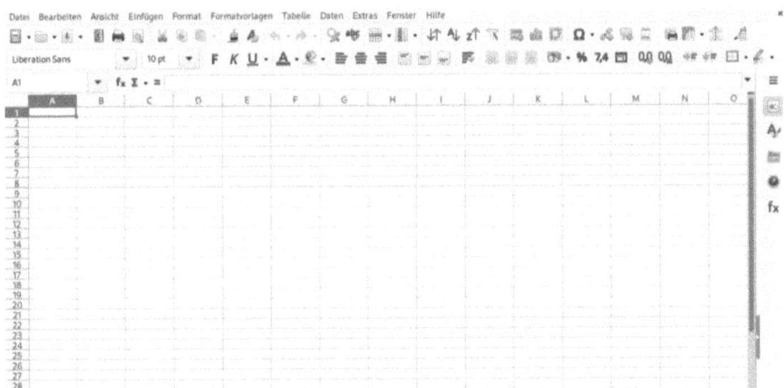

Impress ist ein Präsentationsprogramm.
Es ist vergleichbar mit **Microsoft PowerPoint**.

Man kann damit Vorträge gestalten.
Eine beliebige Anzahl von einzelnen Folien wird dabei als
Bildschirmpräsentation zusammengefasst.

Dabei stehen vielfältige Gestaltungsmöglichkeiten zur Verfügung.
Sie können die einzelnen Folien frei gestalten oder auf eine der zahlreichen Vorlagen zurückgreifen, die Libre Office standardmäßig mitbringt.

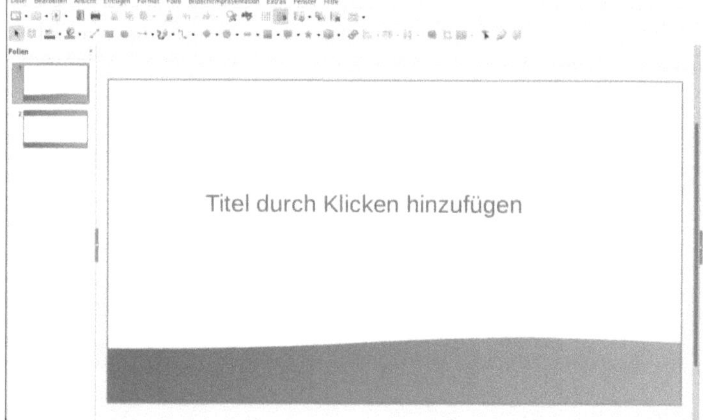

Math ist ein spezielles Programm zur Erstellung von mathematischen Formeln und Ausdrücken.

Dies ist in einer Textverarbeitung in dieser Form in der Regel nicht möglich.

Sie können sich mit **Libre Office** bereits unter Windows oder MacOS vertraut machen, um zu testen, ob es für Ihre Zwecke ausreicht.

Sie erhalten die jeweils aktuelle Version von Libre Office auf der Webseite der Entwickler.

https://de.libreoffice.org/download/download/

Sie sollten jedoch davon Abstand nehmen, die Pakete der Webseite auch für Linux zu benutzen.
In diesem Fall ist es stets besser, die Version aus den Paketquellen von Debian zu verwenden.
Nur so ist gewährleistet, dass alles reibungslos funktioniert.
Diese ist bereits vorinstalliert.

23.1.2 Focuswriter

Focuswriter soll ablenkungsfreies Schreiben ermöglichen.
Es ist in erster Linie für Autoren ausgelegt, die längere Texte verfassen.
Die Oberfläche besteht nur aus einer weißen Schreibfläche und einem Hintergrund, der einen Schreibtisch darstellen soll.
Man kann die Menüleiste zwar dauerhaft einblenden, aber das ist eigentlich nicht Sinn der Sache.
Besonders motivierend für Autoren dürfte sein, dass man sich Tagesziele setzen kann.
Werden diese erreicht, so wird der Erfolg in einer Datenbank abgespeichert.
Ein Tagesziel kann aus einer bestimmten Anzahl von geschriebenen Wörtern bestehen (im Beispiel 1000) oder eine festgelegte Zeit sein, die man für das Schreiben aufwenden möchte.

23.1.3 Scribus

Scribus ist ein Layout- und Satzprogramm für das Desktop-Publishing.
Es ist vom Ansatz her vergleichbar mit **InDesign**.

Mit diesem Programm kann man sehr aufwendige Einzelseiten mit Text und Grafik konstruieren und diese dann zu mehrseitigen Dokumenten zusammenfassen.
Dabei sind den Gestaltungsmöglichkeiten kaum Grenzen gesetzt.

Vieles ist in normalen Textverarbeitungsprogrammen nur sehr schwer gleichartig umzusetzen.

Allerdings muss man sich mit dem Aufbau und der Handhabung von Scribus vertraut machen.

Scribus ist in Debian 12 in der Version 1.5.8 erhältlich.

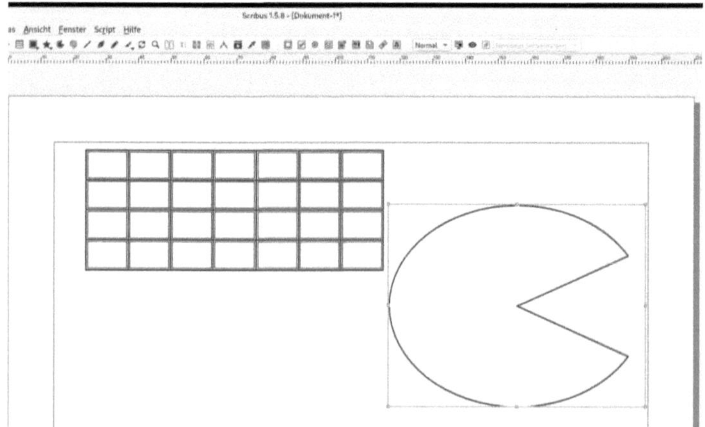

23.1.4 Calibre

Mit **Calibre** ist es möglich, **eBooks** in allen verfügbaren Formaten zu archivieren und am Bildschirm zu lesen.

Gängige Formate sind beispielsweise **epub** (Tolino etc.) und **mobi** (Kindle).

Metadaten (Autorennamen, Titel, Erscheinungsjahr etc.) kann man nach Belieben anpassen.

Darüber hinaus kann man eingepflegte Bücher auch konvertieren.

So kann man ein Buch im epub-Format ins mobi-Format umwandeln und umgekehrt.

Auch PDF- und sogar Textdateien lassen sich in eBook-Formate konvertieren.

Calibre ist somit ein gutes Werkzeug für digitale Buchinhalte.

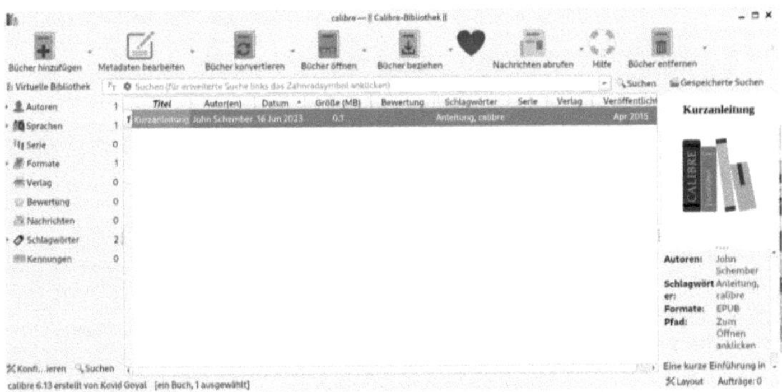

23.1.5 Texteditoren

Unter Linux hat man eine sehr große Auswahl an Texteditoren.

Welcher der Richtige für Sie ist, hängt von den angestrebten Aufgaben ab, die Sie damit erledigen wollen.

Für einfache Konfigurationen reicht in der Regel ein einfacher Editor aus.

23.1.5.1 Gedit

Gedit ist zum Editieren Ihrer Konfigurationsdateien bestens geeignet.

Dieser Texteditor muss jedoch nachinstalliert werden.

Sie öffnen Gedit über die Anwendungsübersicht oder über das Terminal mit dem Befehl

`gedit`.

Alternativen: Leafpad, Xed, Geany, Pluma

```
# ~/.bashrc: executed by bash(1) for non-login shells.
# see /usr/share/doc/bash/examples/startup-files (in the package bash-doc)
# for examples

# If not running interactively, don't do anything
case $- in
    *i*) ;;
      *) return;;
esac

# don't put duplicate lines or lines starting with space in the history.
# See bash(1) for more options
HISTCONTROL=ignoreboth

# append to the history file, don't overwrite it
shopt -s histappend

# for setting history length see HISTSIZE and HISTFILESIZE in bash(1)
HISTSIZE=1000
HISTFILESIZE=2000

# check the window size after each command and, if necessary,
# update the values of LINES and COLUMNS.
shopt -s checkwinsize
```

23.1.5.2 Nano

Nano benötigt keine grafische Umgebung und eignet sich dadurch für direktes Arbeiten in der Shell.
Geöffnet werden kann Nano im Terminal.
Nano ist sehr leichtgewichtig und verbraucht daher kaum Ressourcen.

Man öffnet **Nano** im Terminal mit dem Kommando nano, gefolgt vom Pfad der Datei, die man öffnen möchte.

Nano wird ausschließlich über die Tastatur gesteuert.
Man bewegt sich durch ein Dokument mit den Pfeiltasten.

Man speichert ein Dokument mit
[Strg] + [O] und bestätigt mit ENTER.
Man verlässt den Editor mit
[Strg] + [X].

Alternative: vim

23.2 Grafikprogramme

23.2.1 GIMP

Bei **GIMP** handelt es sich um ein ähnliches Programm wie Photoshop von Adobe.
Der etwas seltsame Name kommt daher, dass es sich eigentlich um die Abkürzung von
GNU **I**MAGE MANIPULATION **P**ROGRAM
handelt.
Mit GIMP lassen sich Bilder durch den Einsatz von unzähligen Filtern auf vielfältige Weise verändern und optimieren.
Dabei ist auch das Anlegen von Ebenen möglich.
Optional sind zusätzliche hochwertige Filter als Plug-ins erhältlich.

Debian 12 stellt GIMP 2.10 zur Verfügung.

GIMP gibt es auch für Windows und OSX.

23.2.2 Darktable

Darktable lässt sich am ehesten mit **Lightroom** vergleichen. Dieses Programm ist spezialisiert auf das Editieren von Bilddateien.

Dabei sind umfangreiche Aktionen möglich. Anders als bei GIMP gibt es keine Möglichkeit, Ebenen anzulegen.

Auch ist das Einfügen von Text nicht möglich.
Dafür punktet Darktable mit ausgereiften Funktionen wie beispielsweise einer Belichtungskorrektur.
Die Bedienung ist sehr intuitiv.
In der Mitte sieht man zur Kontrolle das gerade geladene Bild, auf der rechten Seite stehen die verschiedenen Filter zur Verfügung.

Auch **Darktable** steht für Windows und OSX zur Verfügung.

23.2.3 Krita

Bei **Krita** handelt es sich um ein ausgereiftes Zeichen- und Malprogramm.

Hiermit lassen sich bei entsprechender Kenntnis des Programms und einer künstlerischen Ader sehr ansprechende Computerzeichnungen erstellen.

In **Krita** ist es möglich, mit mehreren Ebenen zu arbeiten. Im Gegensatz zu GIMP steht der Focus in diesem Programm aber mehr auf Zeichen- und Malfunktionen.

Auch **Krita** steht für Windows und OSX zur Verfügung.

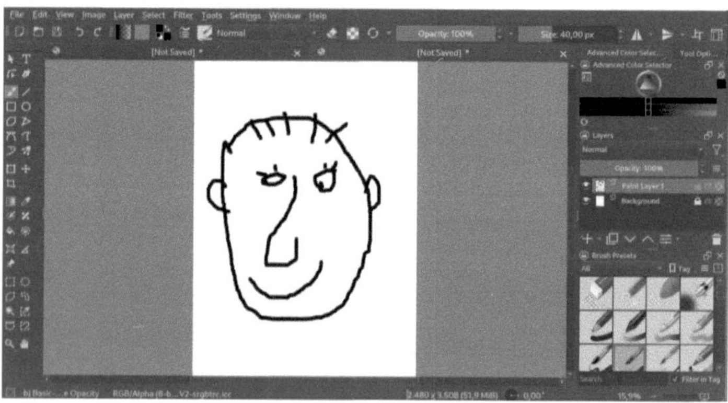

23.2.4 Weitere Grafikprogramme

Shotwell

Shotwell ist ein Fotoorganisationsprogramm mit einer Vielzahl an nützlichen Features.

Inkscape

Inkscape ist ein vektorbasiertes Zeichenprogramm.

Blender

Blender erstellt 3D-Objekte.

Rawtherapee

Rawtherapee ist ein Bildbearbeitungsprogramm, das auf RAW-Dateien spezialisiert ist.

Pinta

Pinta ist ein einfaches Bildbearbeitungsprogramm mit Ebenen.

Allerdings wurde es von Debian aus den Paketquellen genommen, sodass man auf ein flatpak zurückgreifen muss, wenn man es benutzen will.

Mypaint

Mypaint ist ein einfaches Zeichenprogramm.

Tuxpaint

Tuxpaint ist ein Zeichenprogramm für Kinder.

Simple-Scan

Simple-Scan verbindet den Scanner mit dem Linux Betriebssystem.

Flameshot

Flameshot ist ein Programm, mit dem man Bildschirmfotos erstellen kann.

23.3 Videoschnitt

23.3.1 KDENLIVE

KDENLIVE gilt als das ausgereifteste Videoschnittprogramm, das kostenlos für Linux Distributionen erhältlich ist.

Mit ihm lassen sich aufwendige Videoschnitte realisieren. Neben den normalen Schnittfunktionen steht eine Vielzahl von Effekten zur Verfügung.
Dazu zählen die Einbindung von Text, zahlreiche Übergänge und Verfremdungseffekte.

Die Oberfläche besteht aus einem Vorschaufenster und einer Zeitleiste mit Spuren.

Nach einer gewissen Einarbeitungszeit geht das Arbeiten mit KDENLIVE flüssig von der Hand.

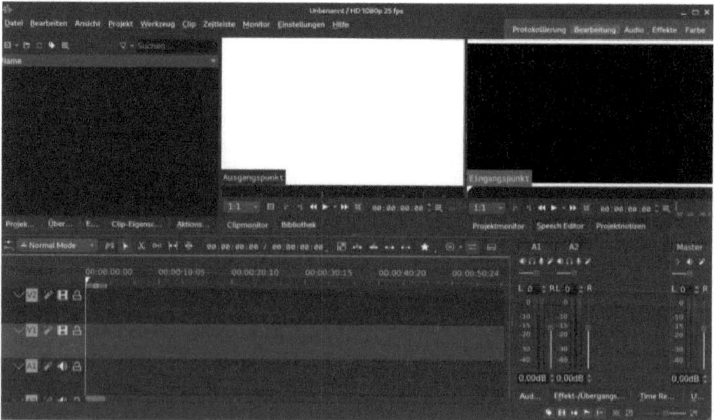

23.3.2 OpenShot

OpenShot ist nicht so üppig ausgestattet wie KDENLIVE.

Bei OpenShot muss man sich mit den einfachen Schnittfunktionen und einer geringeren Anzahl von Effekten zufriedengeben.

Dadurch entfällt aber auch eine lange Einarbeitungszeit. OpenShot ist sehr intuitiv zu bedienen und genügt für kleine Projekte, die mit wenigen Effekten auskommen.

23.3.3 Weitere Videoschnittprogramme

- Shotcut

- Avidemux

- DaVinciResolve

- Lightworks (proprietär)

23.4 Audio

23.4.1 Audacity

Mit **Audacity** lassen sich Audioaufnahmen auf vielfältige Weise editieren und verändern.

Die Audiodatei wird in einem übersichtlichen Fenster als Wellenform auf einem Zeitstrahl dargestellt.
Auf diese Weise ist es möglich, punktgenau zu schneiden und störende Teile zu entfernen.

Aber auch die Datei selbst kann manipuliert werden.

Equalizer und Kompressor gehören zur Grundausstattung. Darüber hinaus ist es unter anderem möglich, Störgeräusche zu beseitigen.

Audacity eignet sich hervorragend für die Aufnahme und Bearbeitung von Audiodateien.

23.4.2 Ardour

Einen Schritt weiter als Audacity geht **Ardour**.
Damit lassen sich Mehrspuraufnahmen wie in einem Tonstudio realisieren.
Vergleichbare kommerzielle Programme sind Cubase von Steinberg oder Logic von Apple. Auch wenn der Funktionsumfang nicht ganz an die genannten Produkte heranreicht, so ist **Ardour** doch ein erstaunlich ausgereiftes Programm, das für semiprofessionelle Aufgaben bestens gewappnet ist.

Neben den Grundfunktionen Aufnahme, Wiedergabe und Abmischung lässt sich der Funktionsumfang von **Ardour** durch Plugins noch erheblich erweitern.

Bei **Ardour** handelt es sich um ein komplexes Programm, das sich an Musiker wendet, die sich mit der Bedienung einer DAW (Digital Audio Workstation) auskennen.

23.4.3 Musescore

Musescore richtet sich an Musiker, die ein Notensatzprogramm benötigen.

Die Noten werden per Mausklick an die gewünschte Stelle in die vorgegebene Notenzeile eingefügt.
Dabei können auch komplexe Partituren für mehrere Instrumente erstellt werden.
Auch das Hinzufügen von Text ist problemlos möglich.

Vielfältige Möglichkeiten der Formatierung lassen viel Spielraum für individuelle Gestaltungsmöglichkeiten.

Eine Abhörfunktion rundet das durchweg positive Bild ab.

23.5 Internet

23.5.1 Browser

Für Linux stehen viele gängige Browser zur Verfügung, die auch unter Windows verbreitet sind.

Der bekannteste ist wohl **Firefox**. Dieser ist in Debian bereits vorinstalliert.

Darüber hinaus gibt es noch **Chromium** (eine open source konforme Version von Google Chrome), **Opera**, **Vivaldi** und viele weitere mehr.

Debian bietet nur wenige Browser in den eigenen Paketquellen an. Alle anderen muss man direkt von der Homepage des Anbieters herunterladen.

Wer Wert auf Anonymität legt, ist mit dem **Tor Browser** bestens bedient.

Nicht verfügbar ist **Safari**, der Standardbrowser von MacOS. Die Einführung von **Edge** für Linux ist zumindest angedacht.

Als Suchmaschine wird meistens **Google** verwendet, jedoch gibt es auch Alternativen, die etwas mehr auf die Privatsphäre der Anwender bedacht sind. Hierzu zählen **DuckDuckGo** und **Startpage**.

Sie können diese Alternativen problemlos als Standardsuchmaschine in Ihrem Browser festlegen.

23.5.2 Thunderbird

Viele Anwender nutzen die Webseite ihres Email-Providers, um Emails zu empfangen und zu senden.

Mit **Thunderbird** steht jedoch ein Programm zur Verfügung, mit dem Sie mehrere Postfächer auch von verschiedenen Anbietern bequem verwalten können.

Möglicherweise kennen Sie **Thunderbird** schon von Windows.

Auch in dieser Umgebung steht es als kostenlose Alternative für Outlook zur Verfügung.

Sie können Ihre Postfächer, die Sie unter Windows angelegt haben, bequem unter Linux importieren.

Sollten Sie **Thunderbird** bisher noch nicht benutzt haben, so legen Sie einfach ein neues Konto an.

Sie benötigen dazu lediglich Ihre Email-Adresse und das dazugehörige Passwort.

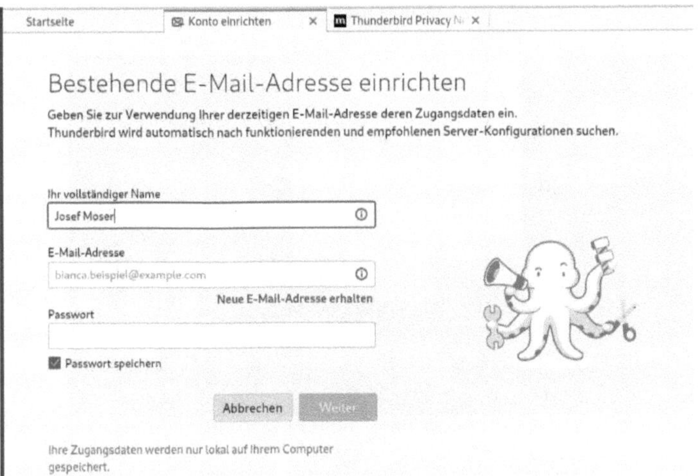

23.6 Audio- und Videoplayer

Unter Linux steht eine breite Auswahl an Audio- und Videoplayern zur Verfügung.

Oft ist es jedoch unumgänglich, dass gewisse Codecs nachinstalliert werden müssen, damit bestimmte Formate auch erkannt und abgespielt werden können.

Inwieweit Sie selbst manuell eingreifen müssen, hängt davon ab, welche Dateien Sie auf Ihrem System wiedergeben wollen.

Da Debian in der Basisinstallation nur auf freie Software zurückgreift, müssen Sie sich gegebenenfalls selbst um die notwendigen Codecs kümmern.

23.6.1 VLC

VLC Media Player für Audio- und Videowiedergabe.

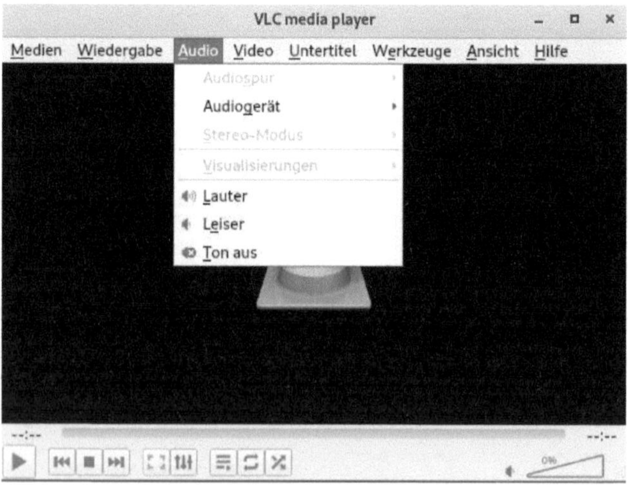

23.6.2 Rhythmbox

Mit **Rhythmbox** lassen sich individuelle Playlisten erstellen.

Dabei kann auf Musikdaten zurückgegriffen werden, die sich auf der Festplatte befinden.

Die Bedienung ist sehr intuitiv und einfach gehalten.

Darüber hinaus eignet sich **Rhythmbox** auch als CD-Player.

Ein integrierter Radioplayer mit unzähligen vorkonfigurierten Sendern rundet das Bild ab.

Es handelt sich bei Rhythmbox jedoch nicht um einen Multimediaplayer wie etwa **VLC**.

Filme können damit also nicht abgespielt werden.

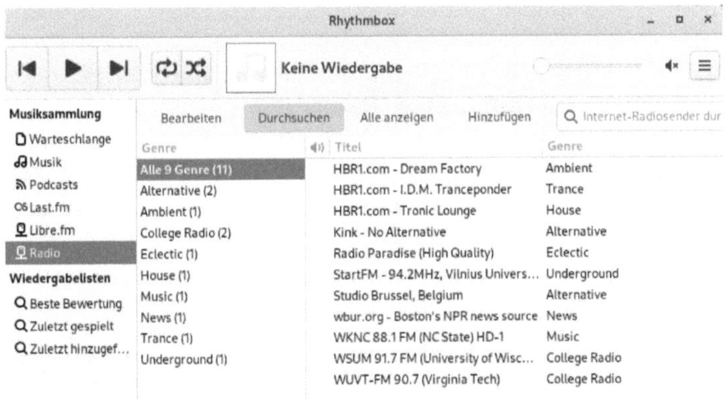

23.7 Drittanbieter Software

In den offiziellen Paketquellen von Debian 12 befindet sich in der Regel hauptsächlich freie Software.
Sollte es sich um Drittanbieter Software handeln, so ist diese entsprechend gekennzeichnet.
Außerdem erhalten Sie Zugang zu unfreier Software nur, wenn Sie die entsprechenden Paketquellen (contrib, non-free) freischalten.

Drittanbieter Software ist zwar proprietär (also mit geschlossenem Quellcode), kann aber dennoch oft unter Debian verwendet werden.
Sollte es sich dabei um Treiber für spezifische Hardware oder Codecs für das Abspielen von Audio- und Video-Dateien handeln, so sind diese meist kostenlos.

Darüber hinaus gibt es Anwendungen, die zwar unter Linux laufen, aber dennoch kostenpflichtig sind. Meist gibt es von diesen Programmen jedoch abgespeckte kostenfreie Versionen.

Beispiele wären das Videoschnittprogramm **Lightworks** oder die Office Suite **Softmaker Pro**.

Man bezieht diese Programme direkt von den Herstellern und erhält einen Freischaltcode, nachdem man sich registriert und bezahlt hat.

Noch hat sich diese Art von Programmen nicht durchsetzen können.
Die Auswahl an kostenlosen Anwendungen, die größtenteils den Quellcode offen legen, ist meist ausreichend und mittlerweile auch qualitativ recht gut.

24 Windows Programme unter Linux

Eine direkte Möglichkeit, **Windows-Anwendungen** auf einem Linux-Betriebssystem zu installieren gibt es nicht.

Programme wie Microsoft Office oder Adobe Photoshop werden nicht für Linux bereitgestellt.

Allerdings gibt es Möglichkeiten, wie Sie diese Anwendungen dennoch unter Linux verwenden können. Eine reibungslose Funktion ist aber nicht in allen Fällen gewährleistet.

Grundsätzlich gibt es zwei grundverschiedene Wege, die man ausprobieren kann.

24.1 Wine und PlayOnLinux

Das Programm **Wine** erzeugt auf Ihrem Linux-Rechner eine Windows-Laufzeitumgebung.
Dabei wird versucht, eine Windows-Umgebung so realistisch wie möglich nachzubilden.
Das gelingt für manche Anwendungen gut, für andere weniger.

Über das Software-Center installieren Sie am besten das Wine-Frontend **PlayOnLinux**.
Sie können zwar **Wine** auch direkt laden und installieren, doch **PlayOnLinux** erleichtert die Handhabung der Wine-Umgebung durch eine intuitive grafisch ansprechende Menüführung.

PlayOnLinux befindet sich allerdings nicht in den main Paketquellen. Es ist erforderlich, dass Sie **contrib** aktivieren.

Außerdem sollten Sie einige weitere Pakete installieren, damit POL korrekt arbeiten kann.

```
apt install winbind winetricks
```

Nach dem ersten Start erwartet Sie ein ansprechendes Benutzermenü, das einen ersten Überblick über die Möglichkeiten von PlayOnLinux gibt.
Über die Suchzeile finden Sie beispielsweise verschiedene Versionen von Microsoft Office.

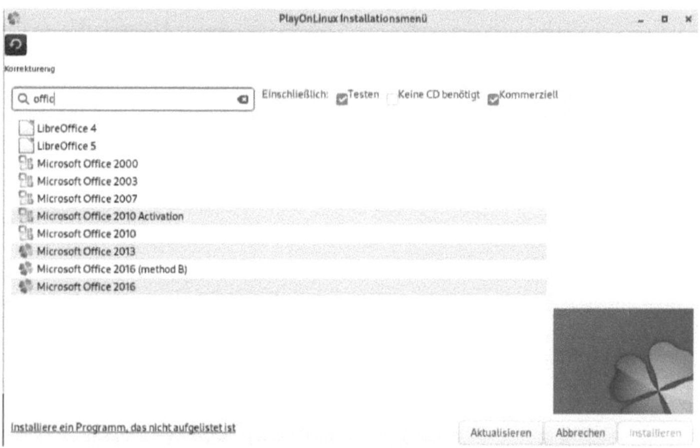

Bedenken Sie bitte, dass Sie zur Installation einer Anwendung auf jeden Fall eine Original-DVD/CD und auch den Aktivierungs-Key benötigen.

Wenn Sie sich für ein Programm entschieden haben, starten Sie die Installation mit dem Button **Installieren**, den Sie ganz unten rechts finden.

Möglicherweise werden Sie während der Installation darauf aufmerksam gemacht, dass notwendige zusätzliche Dateien benötigt werden, damit der Vorgang erfolgreich abgeschlossen werden kann.

Befolgen Sie in diesem Fall die Anweisungen, die Ihnen angezeigt werden.

Es empfiehlt sich, der Webseite von Wine einen Besuch abzustatten.

https://www.winehq.org/

Unter **AppDB** können Sie sich informieren, ob die Anwendung, die Sie installieren möchten, im Moment gut von **Wine** unterstützt wird.

Dazu gibt es ein Ranking, das auf den Erfahrungen von Anwendern beruht.

Platinum ist die beste Wertung, es gibt aber auch Anwendungen, die mit **Garbage** (Müll) bewertet werden.

Sie finden hier aber auch Tipps und Hinweise, was Sie für eine erfolgreiche Installation eines gewünschten Programms alles beachten müssen.

PlayOnLinux listet in den Kategorien viele bekannte und oft genutzte Windows Programme auf.

Sie können jedoch auch versuchen, eine Anwendung zu installieren, die hier nicht vertreten ist.

Dazu klicken Sie links unten auf **Installiere ein Programm, das nicht aufgelistet ist.**

Das kann im Einzelfall klappen, jedoch ist es in der Regel mit etwas Recherchearbeit verbunden, um den optimalen Weg zu finden.

Allerdings gibt es auch Anwendungen, die sich auf diesem Weg nicht installieren lassen oder die trotz erfolgreicher Installation nur eingeschränkt nutzbar sind.

Sollten Sie mit **Wine** keinen Erfolg erzielen, können Sie es unter Umständen noch mit dem kommerziellen Programm **Crossover** probieren. Allerdings ist dieses nicht kostenlos erhältlich und eine Gewähr, dass es damit klappt, gibt es auch nicht.

24.2 Virtuelle Maschinen

Eine weitere Möglichkeit, Windows-Programme oder auch MacOS-Anwendungen zum Laufen zu bringen, ist die Einrichtung einer sogenannten virtuellen Maschine.

Hier wird nicht nur eine Laufzeitumgebung eingerichtet, wie das bei Wine der Fall ist.

Hier installieren Sie innerhalb Ihres Linux-Betriebssystems ein echtes Windows oder MacOS, das komplett eigenständig ist.

Auch in diesem Fall benötigen Sie eine Original CD/DVD und den Aktivierungskey.

Sie müssen diesem Betriebssystem, das parallel zu Debian läuft genügend Rechenpower und Arbeitsspeicher zur Verfügung stellen, sonst ist auch diese Variante nur sehr eingeschränkt nutzbar.

Bei manchen Rechnern muss die Unterstützung von virtuellen Maschinen im Bios aktiviert werden!

Virtuelle Maschinen wie Virtual Box gibt es auch für Windows.

24.2.1 Virtual Box

Eine der am weitest verbreiteten ist **Virtual Box**.
Sie finden dieses Programm seit Debian 12 leider nicht mehr in den Paketquellen von Debian.
Daher können Sie es auch nicht mehr aus dem Software Center heraus installieren.
Sie erhalten die benötigten Dateien auf der Webseite von **Oracle**.
www.virtualbox.org
(Zur Zeit der Drucklegung dieses Buches wurde noch keine Version für Debian Bookworm zur Verfügung gestellt. deb-Pakete für ältere Debian Versionen lassen sich nicht installieren. Daher muss man abwarten.)

Nach erfolgtem Download installieren Sie die .deb-Datei mittels Doppelklick. Die Installation erfolgt dann über Software.

Für Debian 12 empiehlt es sich, auf die Version 7.x zurückzugreifen.
Virtual Box erscheint nach erfolgter Installation in der Anwendungsübersicht. Nach dem Start von Virtual Box klicken Sie auf den Button NEU.
Geben Sie dem Betriebssystem einen individuellen Namen und erhöhen Sie den Arbeitsspeicher innerhalb des grünen Bereichs.
Der hier gewählte Wert steht Ihrem Hauptsystem nicht mehr zur Verfügung, sobald Sie die virtuelle Maschine starten.

Im nächsten Fenster bestimmen Sie, wo diese virtuelle Maschine gespeichert werden soll.
Außerdem können Sie hier die Dateigröße (den Platz, der auf der Festplatte belegt wird) festlegen.

Für eine virtuelle Maschine mit Windows sollten Sie mindestens 50 GB Ihres Festplattenspeichers zur Verfügung stellen. Erhöhen Sie daher den bei der Installation vorgeschlagenen Wert entsprechend.
Im Anschluss daran werden Sie problemlos durch den Installationsvorgang geleitet.
Zusätzlich sollten Sie die **Virtual Box Extensions** installieren, da damit der Funktionsumfang erheblich erweitert wird.

24.2.2 GNOME Boxen

Eine weitere Möglichkeit, eine virtuelle Maschine zu erstellen, bietet sich mit dem Programm
GNOME Boxen.

Diese Anwendung ist wesentlich leichter zu bedienen als Virtual Box, dafür muss man auf viele Konfigurationsmöglichkeiten verzichten, die die Software von Oracle mitbringt.
GNOME Boxen befindet sich in **Software** und ist von dort aus unkompliziert zu installieren.
Am besten geht man bei der Einrichtung der virtuellen Maschine genauso vor wie bei Virtual Box.

Eine Datei wählen führt Sie zu einer von Ihnen vorher heruntergeladenen ISO-Datei.

Die weiteren Schritte sind selbsterklärend.

25 Testing und Sid

In diesem Buch wurde ausschließlich die offizielle Stable Version von Debian behandelt.

Das ist im Moment Debian 12 mit dem Codenamen Bookworm.

Da Debian Stable nur Sicherheitsupdates und Bugfixes erhält, sind die enthaltenen Anwendungen nach einiger Zeit etwas veraltet.

Daher gibt es für Experimentierfreudige darüber hinaus zwei weitere Debian Versionen, die allerdings nicht für den produktiven Einsatz gedacht sind.

Diese bieten aktuellere Software.

- **Debian Testing „Trixie"**

  Die Testing Version von Debian wird irgendwann zur Stable Version.

- **Debian Unstable „Sid"**

  Die Paketquellen von Sid werden stetig auf den neuesten Stand gebracht. Das ist vergleichbar mit Rolling Release Distributionen wie Arch Linux.

Man wechselt von Stable zu Testing oder Sid, indem man die **sources.list** dementsprechend verändert.

bookworm wird ersetzt durch **trixie** oder **sid**.

Eintragungen mit security oder update werden mit # auskommentiert. Entfernen Sie auch Backports-Einträge, sofern vorhanden.

Warnung: Das Verlassen des Stable-Zweigs geht einher mit dem Risiko, dass man die gewohnte Stabilität aufgibt!